„Mit etwas Mut kannst du alles schaffen"

Was schüchterne Kinder dringend brauchen, damit aus ihnen selbstbewusste Erwachsene werden

Katharina Lowe

Dieses Werk einschließlich aller Inhalte ist urheberrechtlich geschützt. Alle Rechte und Übersetzungsrechte vorbehalten. Nachdruck oder Reproduktion (auch auszugsweise) in irgendeiner Form, sowie die Einspeicherung, Verarbeitung, Vervielfältigung und Verbreitung mit Hilfe elektronischer Systeme jeglicher Art, gesamt oder auszugsweise, sind ohne ausdrückliche schriftliche Genehmigung des Verlages untersagt. Alle Namen und Personen sind frei erfunden und Zusammenhänge mit real existierenden Personen sind rein zufällig. Alle Inhalte wurden unter größter Sorgfalt erarbeitet. Der Verlag und der Autor übernehmen jedoch keine Gewähr für die Aktualität, Korrektheit, Vollständigkeit und Qualität der bereitgestellten Informationen. Druckfehler und Falschinformationen können nicht vollständig ausgeschlossen werden.

Wichtig! Bevor Sie mit dem Lesen anfangen:

Für eine begrenzte Zeit steht Ihnen ein kostenloses Bonusheft zum Download zur Verfügung. In diesem Bonusheft geht es um das „Attachment Parenting" - ein Erziehungsansatz, mit dem Sie die Bindung zu Ihrem Kind stärken können. Alle Informationen, wie Sie sich das Gratis-Bonusheft sichern können, finden Sie am Ende dieses Buches (zeitlich befristetes Angebot).

Inhaltsverzeichnis

Einleitung vii

Kapitel 1: Wie wird Selbstbewusstsein definiert? 1
    Wann entwickelt sich Selbstbewusstsein? 3
    Was macht ein selbstbewusstes Kind aus? 5

Kapitel 2: Erste Anzeichen für Schüchternheit 11
    Ist mein Kind schüchtern? 13
    Ist Schüchternheit nur eine Phase? 15
    Nicht schüchtern, sondern vorsichtig 16
    Unterschied zwischen Schüchternheit und
    Asperger-Syndrom / Autismus 22

Kapitel 3: Warum ist mein Kind schüchtern? 27
    Schüchternheit als Teil der Persönlichkeit 29
    Schüchternheit als Reaktion auf das gewohnte
    Umfeld 33
    Welche Verhaltensweisen verstärken
    Schüchternheit? 39
    Den Kreislauf der Schüchternheit durchbrechen 42

Kapitel 4: Was sind besondere Herausforderungen mit
schüchternen Kindern? 45
    Angststörungen sind keine Schüchternheit 47
    Alltagssituationen bewältigen 48
    Schüchternheit im familiären Umfeld 54
    Schüchterne Kinder in Schule und Kindergarten 58

Kapitel 5: Was sollte ich auf keinen Fall tun, wenn
mein Kind schüchtern ist? 65
    Wie reagiert das Umfeld auf schüchterne
    Kinder? 68

- Lenkende Erziehung ohne Zwang – wie geht das?......72
- Umgang mit anderen Kindern......78

Kapitel 6: Wie kann ich das Selbstbewusstsein meines Kindes stärken?......81
- Erfolge feiern......82
- Jeden Tag danke sagen......83
- Ziele setzen......83
- Ein aufregendes Projekt starten......84
- Positive Leitsprüche nutzen......84
- Selbstbewusstsein verlangt kein Lob......85
- Fehler sind in Ordnung......87

Kapitel 7: Welche Sportarten sind für schüchterne Kinder geeignet?......89

Kapitel 8: Wie kann ich ein positives Vorbild für mein Kind sein?......101

Kapitel 9: Was soll ich tun, wenn mein Kind gemobbt wird?......111

Kapitel 10: Wie gehe ich mit den Kommentaren von anderen um?......121
- Die Erwartungsgesellschaft verstehen......122
- Nicht in Selbstzweifel verfallen......124
- Nicht in Vergleiche abrutschen......125
- Wie erkläre ich anderen, dass mein Kind schüchtern ist?......126

Kapitel 11: Bleiben Sie positiv!......129

Gratis-Bonusheft......131

Einleitung

Manchmal frage ich mich, was falsch gelaufen ist. Bin ich der Grund dafür, dass mein Kind keinen Anschluss zu anderen Kindern findet? Warum ist ausgerechnet mein Kind schüchtern und versteckt sich in der hinteren Ecke des Raums? Was kann ich tun, um meinem Kind zu helfen?

Stellen auch Sie sich diese und ähnliche Fragen? Dann lassen Sie uns gemeinsam auf eine Reise gehen, die Ihnen einen Einblick in die Welt von schüchternen Kindern ermöglicht. Eines gleich vorweg – Sie sind nicht allein! Väter, Mütter, Großeltern und Geschwister auf der ganzen Welt sind auf der Suche nach Antworten, wenn es darum geht, das Selbstbewusstsein von schüchternen Kindern zu stärken. Da Sie sich dazu entschieden haben dieses Buch zu lesen, ist der wichtigste Schritt bereits getan. Sie befassen sich mit diesem Thema und möchten herausfinden, welche Ideen, Fakten und Hilfestellungen es für Ihre Situation gibt. Wie ergeht es anderen Eltern? Welche Mythen über schüchterne Kinder halten sich hartnäckig, und welche Weisheiten stellen sich als wahr heraus? Schüchternheit ist kein klar definierter Begriff. Auch wenn sich jeder etwas darunter vorstellen kann, gibt es keine klassischen Verhaltensweisen, die auf alle Schüchternen zutreffen. Ein Grund dafür ist die Tatsache, dass Schüchternheit im Auge des Betrachters liegt. Eine Situation, die für Sie und Ihr Kind eine echte Herausforderung darstellt, ist für andere kein Grund zur Sorge. Gleichzeitig können andere eine Reaktion als zurückhaltend empfinden, während Sie diese als höfliche Distanz einstufen. Bevor es also daran geht, Hintergründe zu erforschen, seien Sie sich darüber bewusst, dass es kein Richtig oder Falsch gibt, wenn es darum geht, wie Sie die Situation Ihres Kindes einordnen können.

Sind Sie sich unsicher, ob es überhaupt Handlungsbedarf bei Ihrem Kind gibt, dann seien Sie ganz beruhigt. Lassen Sie die Informationen aus diesem Buch auf sich wirken und entscheiden Sie ganz individuell, welches Wissen Ihnen hilft und welches nicht. Haben Sie Teil an den Erfahrungen anderer Eltern. Lernen Sie, eigene Verhaltensweisen richtig einzuordnen und neue Denkweisen kennen. Lassen Sie sich nicht unter Druck setzen – denn die spezielle Bindung innerhalb Ihrer Familie ist absolut einzigartig. Dieses Buch soll Sie dabei unterstützen, den eigenen Weg leichter gehen zu können – ohne Ihr Kind oder sich selbst unter Druck zu setzen.

Dieses Buch gibt Ihnen Antworten auf folgende Fragen zur Erziehung eines schüchternen Kindes:

- Was versteht man eigentlich unter Selbstbewusstsein (Kapitel 1)?
- Was sind typische Anzeichen für Schüchternheit und wie grenzt man Schüchternheit von anderen Persönlichkeitsausformungen ab, beispielsweise vom Asperger-Syndrom (Kapitel 2)?
- Was sind mögliche Gründe für Schüchternheit, sowohl als Teil der Persönlichkeit des Kindes als auch als Reaktion auf das Umfeld, und welche Verhaltensweisen können Schüchternheit verstärken beziehungsweise abschwächen (Kapitel 3)?
- Was sind besondere Herausforderungen, die sich bei schüchternen Kindern stellen – beispielsweise

der erste Tag in Kindergarten oder Schule – und wie meistert man diese (Kapitel 4)?
- Welche Verhaltensweisen gilt es bei schüchternen Kindern zu vermeiden und wie kann man durch lenkende Erziehung ohne Zwang seinem schüchternen Kind beste Entfaltungsmöglichkeiten bieten (Kapitel 5)?
- Wie stärken Sie durch kleine Rituale und Maßnahmen im Alltag das Selbstbewusstsein Ihres Kindes (Kapitel 6)?
- Wie kann Sport bei der Ausbildung des Selbstbewusstseins helfen und welche Sportarten sind am besten dazu geeignet (Kapitel 7)?
- Wie können Sie ein positives Beispiel für Ihr Kind in puncto Selbstbewusstsein sein (Kapitel 8)?
- Welche Tipps sollten Sie befolgen, wenn Sie den Verdacht haben, dass Ihr Kind wegen seiner Schüchternheit gemobbt wird (Kapitel 9)?
- Wie sollten Sie mit Kommentaren anderer umgehen, die die Schüchternheit Ihres Kindes womöglich auf unsensible Art und Weise ansprechen (Kapitel 10)?
- Wie bleiben Sie stets positiv und akzeptieren die Schüchternheit Ihres Kindes (Kapitel 11)?

Kapitel 1:
Wie wird Selbstbewusstsein definiert?

Warum ist Selbstbewusstsein so wichtig? Salopp gesagt: Selbstbewusstsein ist eine wichtige Qualität. Eine Aussage, die für Kinder und Erwachsene gleichermaßen zuzutreffen scheint. Aber was genau steckt dahinter? Man könnte meinen, es gibt eine klare Definition des Begriffes. Bei genauer Betrachtung wird jedoch schnell klar, dass dem nicht so ist.

Je nach gewähltem Kontext und der gewählten Fachrichtung (Philosophie, Soziologie, Psychologie...) weichen die Definitionen des Begriffes zum Teil weit voneinander ab. Wir konzentrieren uns daher auf das umgangssprachliche Verständnis des Wortes. Im alltäglichen Gebrauch wird als Selbstbewusstsein zumeist ein positives Wertgefühl zur eigenen Person beschrieben. Dieser Selbstwert wird im allgemein gültigen sozialen Wertkontext definiert. Dies bedeutet also, dass Selbstbewusstsein von unterschiedlichen Personen- oder Kulturgruppen jeweils anders definiert wird. Eine wichtige Erkenntnis, wenn es darum geht, das Selbstbewusstsein einer anderen Person einzuschätzen.

Wer sich innerhalb bestimmter Werte bewegt und diese verstanden hat, gilt als selbstbewusst, wenn er sich selbst als Teils des Systems akzeptiert. Dabei geht es nicht darum, dem System zu folgen, sondern seine eigene Person als wertvollen Teil innerhalb des Systems anzuerkennen.

„Mit etwas Mut kannst du alles schaffen"

Was bedeutet dies für ein Kind? Begriffe wie der soziale Wertkontext klingen zu kompliziert, um für Kinder überhaupt relevant zu sein. Dabei lässt sich die Idee dahinter recht leicht erklären. Weiß ein Kind zum Beispiel, dass es in seiner Umgebung üblich ist, zur Begrüßung die Hände zu schütteln, hat es den sozialen Wertekontext erkannt. Fühlt es sich wohl dabei, dies zu tun, hat es seine Rolle innerhalb dieses Vorgangs akzeptiert. Fühlt es sich nicht wohl dabei, die Hände zu schütteln, macht aber ohne Scham von seinem Recht Gebrauch, dies nicht zu tun, hat es ebenfalls seinen Platz innerhalb der Situation gefunden. Erst wenn das Kind nicht in der Lage ist, das eigene Empfinden und die Situation ohne Scham oder Angst zu vereinen, fehlt es an Selbstwert.

Befindet sich Ihr Kind in einem ständigen Zwiespalt zwischen den Erwartungen der anderen und den eigenen Wünschen, ist dies sehr belastend. Dieser Mangel an Selbstbewusstsein beeinträchtigt dabei jeden Aspekt der Selbstwahrnehmung. Bereits im frühen Kindesalter können hier Verhaltensweisen ausgebildet werden, die die Betroffenen ein Leben lang begleiten. Kinder ohne ausreichendes Selbstbewusstsein sind zum Beispiel leicht zu beeinflussen. Sie nehmen die eigenen Wünsche und Bedürfnisse nicht ernst. Wer sich selbst nicht als Teil der sozialen Umgebung wahrnimmt, kann sich nur schwer in diese einbringen.

Es ist nicht immer leicht zu erkennen, ob ein Kind zurückgezogen und schüchtern ist oder einfach nur vorsichtig und skeptisch. Ein Kind, das gerne allein spielt, ist nicht automatisch unsicher oder weist einen Mangel an Selbstbewusstsein auf. Ist Ihr Kind vielleicht nicht besonders gesprächig, bedeutet dies noch lange nicht, dass es sich um ein beunruhigendes Warnsignal handelt. Um zu verstehen, was Schüchternheit bei Kindern bedeuten kann, ist es wichtig zu verstehen, was ein selbstbewusstes Kind ausmacht. Auch hier gibt es große Unterschiede in der Wahrnehmung. Laute und gesprächige Kinder, die zu anderen Personen schnell Zugang finden, haben häufiger einen Mangel an Selbstwert. Sie nutzen ihre Präsenz, um Aufmerksamkeit zu erlangen. Diese ist oft notwendig, um das eigene Handeln zu rechtfertigen oder Bestätigung dafür zu erhalten.

Wenn Ihr Kind sich in einer Situation unwohl fühlt – hat es dann verstanden, welche sozialen Anforderungen bestehen? Ist das Unwohlsein eine Reaktion auf diese Anforderung? Oder hat es das Konzept der Situation vielleicht noch gar nicht verstanden? Versuchen Sie beim nächsten Mal einfach, den Kontext der Situation zu hinterfragen, um einen besseren Einblick in die Welt Ihres Kindes zu bekommen.

Wann entwickelt sich Selbstbewusstsein?

Die Entwicklung des Selbstbewusstseins bzw. des Selbstwertgefühls beginnt bereits sehr früh. Der erst Schritt dafür ist die Selbstwahrnehmung. Bereits in einem Alter von rund 18 Monaten sind Babys in der Lage, sich in einem Spiegelbild oder auf einem Foto selbst zu erkennen. Dies ist die Grundlage für die Ausbildung des Selbstbewusstseins. Gestärkt wird dies durch die individuellen Veranlagungen und Charakterzüge des Kindes. Somit könnte man in der Tat sagen, dass eine gewisse Schüchternheit oder der entgegenstehende Drang nach Selbstausdruck in den Genen stecken.

Darüber hinaus wird das eigene Selbstwertgefühl aber schon früh durch den Einfluss der Umwelt geformt. Für Babys und Kleinkinder bedeutet dies in erster Linie durch die Familie. Eine wichtige Grundlage für die Ausbildung von Selbstwert ist die Integration in das Geschehen. Ist Ihr Baby in der Lage, sich selbst im Spiegel oder auf Bildern zu erkennen, so ist es auch in der Lage, eigene Bedürfnisse gezielt zu adressieren. Spätestens mit dem Beginn der höheren Sprachentwicklung im Alter von rund zwei Jahren stellt es klare Erwartungen an sein Umfeld. Es möchte essen, schlafen oder spielen, und es ist in der Lage, dies ebenso deutlich wie ichbezogen zu artikulieren. Wird dies nicht als legitime Kommunikation anerkannt, hat es negative Auswirkungen auf den Selbstwert. Denn Ihr Kind wird dann nicht das Gefühl haben, dazuzugehören.

Häufig sind es dabei die kleinen Dinge, die einen großen Unterschied machen. Es gibt Personengruppen, die dazu neigen, eine bevormundende Position gegenüber Kindern einzunehmen. Aussagen werden nicht erklärt, sondern lediglich gemacht. Vom Kind wird erwartet, dass es einer Aufforderung oder einem Verbot einfach folgt. Dabei gibt es hier viele Momente, die wichtig für die Ausbildung des individuellen Selbstwertes sind.

Sitzen Sie zum Beispiel mit der gesamten Familie am Tisch, und es gibt zur Feier eines Geburtstags Kuchen, wird Ihr Kind sich über ein kleines Stück Kuchen freuen. Wahrscheinlich ist, dass es schnell Nachschlag verlangt. Möchten Sie nicht, dass Ihr Nachwuchs mehr Kuchen isst, gibt es grundsätzlich zwei Wege, dies zu handhaben. Zum einen können Sie den Kuchen ohne Erklärung verweigern. Insbesondere an einem hektischen Tag mit vielen Gästen im Haus ist es schnell geschehen, dass Sie einfach den Kopf schütteln oder gar nicht erst auf die Nachfrage des Kindes eingehen. In dieser Situation kann es schnell passieren, dass sich das Kind ausgeschlossen fühlt. Denn warum darf Oma mehr Kuchen haben? Und warum reagiert niemand auf die Bedürfnisse des Kindes?

Eine Alternative ist die direkte Kommunikation mit dem Kind, die eine Erklärung beinhaltet. Hier geht es nicht darum, dem Nachwuchs das Konzept von ungesundem Essen zu erläutern. Vielmehr geht es darum, das Bedürfnis des Kindes anzuerkennen und eine einfache Erklärung dafür zu bieten, warum es kein weiteres Stück haben kann. Was hat das nun mit der Ausbildung von Selbstwert zu tun? Das Kind wird aktiv innerhalb der Gruppe beachtet. Ihm wird nicht einfach nur ein Wunsch verweigert, es gibt einen Grund für die Situation. Der Gesamtkontext wird also erklärt.

Dies gilt natürlich auch in vielen anderen Alltagssituationen. Die einfache Erwartung, dass Ihr Kind schlichtweg zu folgen hat, wenn etwas gesagt wird, ist nicht hilfreich, um ein gesundes Selbstbewusstsein auszubilden. Und da sich die Grundlagen für den Selbstwert bereits im frühen Alter ab 18 Monaten ausbilden, ist es hilfreich, frühzeitig die passenden Kommunikationswege zum eigenen Kind zu nutzen.

Was macht ein selbstbewusstes Kind aus?

Wie bereits erwähnt, beginnt die Ausbildung des Selbstbewusstseins bei Kindern schon recht früh. Bis etwa zum sechsten Lebensjahr lassen sich die Grundsteine dafür noch aktiv durch die Eltern, Großeltern und das soziale Umfeld „beeinflussen". In dieser Zeit zeichnet sich dann auch ab, welche Persönlichkeit ein Kind entwickelt und ob es eher zu einer schüchternen Maus oder einem kleinen Wildfang wird.

An dieser Stelle ein Hinweis darauf, dass das Selbstwertgefühl der Menschen während der Pubertät sozusagen auf die Probe gestellt wird. Es ist nicht ungewöhnlich, dass sich Jugendliche während dieser Phase scheinbar grundlegend in ihrem Wesen verändern. Dafür sind unter anderem hormonelle Veränderungen verantwortlich – und natürlich die neuen Herausforderungen, denen sich junge Menschen in unserer Gesellschaft stellen müssen. Ist ein Jugendlicher aber zu diesem Zeitpunkt bereits mit einem gesunden

Selbstwertgefühl ausgestattet, ist es leichter, den Weg durch diese verwirrende Zeit zu finden.

Wie bereits erläutert, wird die Definition eines selbstbewussten Kindes durch viele Faktoren bestimmt. Der soziale und gesellschaftliche Kontext spielt dafür eine sehr große Rolle. In einem konservativen Haushalt kann ein Kind, das aggressionsfrei die Entscheidung eines Erwachsenen hinterfragt, bereits als willensstark und sogar zu selbstbewusst wahrgenommen werden. Ist die Umgebung im Umgang mit Kritik oder freier Charakterentwicklung entspannt, wird ein solches Verhalten als ganz normal und erwünscht verstanden – ohne dass hier von besonderem Selbstbewusstsein gesprochen wird.

Dennoch gibt es innerhalb der westlichen Gesellschaft eine Reihe von Eigenschaften, die ein gutes oder eben schlechtes Selbstbewusstsein bei Kindern indizieren. Sie treffen nicht universell auf jede Person zu, geben Ihnen aber ein besseres Verständnis der Situation. Selbstbewusste Kinder wissen, was sie wollen. Hunger, Durst, Langeweile – schon die Kleinsten sind in der Lage, eine Reihe von Gefühlen richtig zu interpretieren. Fühlt sich Ihr Kind mit den eigenen Entscheidungen rundum wohl, kommt es schon im frühen Alter zu klaren Ansagen. Ein Zweijähriger, der gezielt auf Sie zukommt und danach fragt, auf den Spielplatz zu gehen oder mit Rennautos zu spielen, hat bereits das Selbstbewusstsein entwickelt, sein individuelles Bedürfnis zu erkennen und zu kommunizieren.

Geben Kinder lediglich vage Angaben zu den eigenen Wünschen, kann diese Grundlage des Selbstwertes fehlen. So kann es vorkommen, dass ein Kind lediglich anhänglich wird und einfach nur Aufmerksamkeit wünscht – aber nicht in der Lag ist, zu benennen, in welcher Form diese gewünscht ist. Selbstbewusste Kinder hinterfragen Tatsachen. Nun könnte man denken, dass alle Kinder viele Fragen stellen. Und im Grunde ist das absolut korrekt. Man geht davon aus, dass ein gesundes Kind im Alter zwischen drei und fünf Jahren bis zu 400 Fragen am Tag stellt. Damit sehen sich Eltern, Geschwister und Großeltern rund 20 Fragen in der Stunde gegenüber, etwa genauso vielen, wie es bei Ärzten und Krankenschwestern der Fall ist.

In Bezug auf das Selbstbewusstsein geht es jedoch nicht darum herauszufinden, warum die Sonne scheint oder warum das Wasser nass ist. Selbstbewusste Kinder hinterfragen soziale Strukturen und Gedanken. Ein einfaches Gespräch darüber, dass es am Abend keine zweite Gutenacht-Geschichte geben wird, kann sich als echte Herausforderung entpuppen. Warum wird nicht noch eine Geschichte gelesen? Warum ist nicht genügend Zeit dafür? Warum muss man ins Bett, wenn Mama oder Papa es sagen? In solchen Situationen ist Vorsicht geboten, denn ein selbstbewusstes Nachhaken kann schnell in eine Missachtung der Autoritätsverhältnisse umschlagen. Wird Ihnen bewusst, dass Ihr Kind nicht nur aus Neugierde Fragen stellt, sondern eine Situation infrage stellt, gilt es, genau zuzuhören. Es ist hilfreich, den Kontext der Gegebenheit zu erläutern. „Weil ich das so sage!" ist in einem solchen Moment kontraproduktiv.

Selbstbewusste Kinder kümmern sich um andere. Der erste Tag im Kindergarten steht vor der Tür, und Eltern wie Kinder sind furchtbar aufgeregt. Für viele Kinder verläuft der Tag dabei recht entspannt – häufig zur Überraschung der Erziehungsberechtigten. Insbesondere dann, wenn die Kinder es bereits gewohnt sind, mit anderen zu interagieren. Das Einfügen in eine Gruppe, das schnelle Aufnehmen von Kommunikation mit anderen Kindern und auch die Interaktion mit dem Lehrpersonal ist für die meisten kein Problem. Diese Tatsache allein zeugt jedoch nicht unbedingt von einem gefestigten Selbstbewusstsein. Es zeigt in erster Linie, dass die Kinder verstanden haben, was von ihnen erwartet wird. Eine klassische Beobachtung ist in diesem Kontext, dass Kinder mit einem gefestigten Selbstbewusstsein schnell eine fürsorgliche Rolle einnehmen. Versteckt sich ein Kind hinter den Beinen von Oma und Opa, ist ein Kind mit ausreichend Selbstwert in der Lage, die Situation richtig zu deuten. Hier fühlt sich jemand unwohl und braucht Hilfe. Dieser Zusammenhang kann nur dann erkannt werden, wenn man selbst über die bloße Erwartungshaltung der Gegebenheit hinausblicken kann – also selbstbewusst genug ist, zu verstehen, dass nicht jeder gleich auf die Umstände reagieren kann, muss oder möchte.

Selbstbewusste Kinder üben Kritik und können diese auch annehmen. Einen Vierjährigen kritikfähig zu nennen, scheint auf den ersten Blick weit hergeholt. Dennoch greift das Konzept der Kritikfähigkeit auch für sehr junge Kinder. Dabei spielt es keine Rolle, von wem die Kritik stammt. Eltern, Geschwister, Spielkameraden oder Lehrer – früher oder später gibt es Feedback, das die eigene Leistung infrage stellt. Darüber hinaus wird es auch Situationen geben, in denen das Kind schlichtweg mit einer anderen Meinung als der eigenen konfrontiert wird. Ist es zu diesem Zeitpunkt bereits im eigenen Selbstwert gefestigt, kann die getroffene Aussage richtig interpretiert werden. „Dein Turm ist ja total schief! Der fällt gleich um!" Ob der Turm nun mit Absicht schief gebaut wurde oder aus Unachtsamkeit – ein selbstbewusstes Kind sieht in der Aussage zu seinem schiefen Turm keinen persönlichen Angriff. Selbst wenn der Turm gar nicht in Schieflage geraten ist, bleibt es häufig unberührt. Die Bauklötze werden geradegerückt oder erhalten einen letzten Stoß zum Einfall, das Gespräch wird jedoch kaum in einem Streit oder einem Weinkrampf enden.

Wird die Aussage gegen das eigene Bauwerk aber als persönlicher Kommentar gewertet, fühlt sich das Kind wahrscheinlich mit seiner eigenen Leistung unsicher. Ist der Nachwuchs in der Lage, selbst Kritik zu üben, ist dies ebenfalls ein wichtiger Schritt in Richtung Selbstwert. Kritik zu üben ist dabei nicht zu verwechseln mit gemeinen oder unnötigen Kommentaren. „Ich finde deine Brille total doof!" zeugt nicht von der Fähigkeit, seine Meinung akkurat zu äußern. „Warum hast du Annas Stift kaputt gemacht?" ist hingegen ein Zeichen dafür, dass der soziale Kontext und ein darin auftretendes Fehlverhalten korrekt gedeutet wurden. Noch einmal: Dies ist nur dann möglich, wenn das Kind bereits seinen eigenen Platz innerhalb der Situation gefunden hat.

Natürlich handelt es sich bei den genannten Beispielen nur um einen kleinen Teil des breiten Spektrums für selbstbewusste Kinder. Ein gestärktes Selbstbewusstsein kann sich in vielen Facetten und Situationen zeigen. Daher ist es wichtig, Ihr Kind immer als Ganzes zu betrachten und nicht auf einzelne Umstände zu reduzieren. Denn auch selbstbewusste Kinder haben bisweilen einen unerklärlichen Wutanfall, finden die Lehrerin doof oder sagen gemeine Sachen.

Kapitel 2:
Erste Anzeichen für Schüchternheit

Schüchternheit ist keine Krankheit! Es gibt keine allgemeingültige Diagnose, und ein schüchternes Kind sollte nicht das Gefühl haben, anders zu sein, da es speziell behandelt wird. Mit diesem Wissen im Hinterkopf, können Sie einen klaren Blick auf die Tatsachen behalten. Sind Sie auf der Suche nach Antworten und Hilfestellungen, erwarten Sie also kein Allheilmittel. Denn die Persönlichkeit eines jeden Menschen ist ein individuelles Meisterstück.

Von außen betrachtet, gibt es ein paar klassische Verhaltensweisen, die schüchterne Kinder an den Tag legen:

- Sie beobachten Gruppen (Kinder wie Erwachsene) gerne mit ein wenig Abstand.
- Sie richten den Blick auf den Boden, wenn sie angesprochen werden.
- Sie sprechen sehr leise.
- Sie geben keine klaren Antworten, selbst auf einfache Fragen.
- Gespräche werden nicht aktiv durch das Kind initiiert.
- Sie spielen viel allein.

Treten gleich mehrere dieser Verhaltensweisen dauerhaft auf, handelt es sich ohne Frage um ein Kind, das seinen Platz in der Welt noch nicht gefunden hat. Sind jedoch nur einzelne Bereiche zu beobachten, muss es sich nicht automatisch um ein schüchternes Kind handeln.

Spielt es zum Beispiel gerne allein oder höchstens mit einem anderen Kind, kann es einfach seine Ruhe genießen. Ist es gleichzeitig in der Lage, Unterhaltungen zu führen und auch von sich aus zu beginnen, besteht wenig Grund zur Sorge.

Probleme in der Kommunikationsfähigkeit können auch durch Sprachstörungen oder eine verzögerte Sprachentwicklung verursacht sein. Ist der Sprachschatz noch nicht ausgereift genug, um die gewünschten Gefühle oder Informationen klar zu vermitteln, kann sich ein Kind dazu entscheiden, lieber zu schweigen. In einem solchen Fall ist es also nicht die schüchterne Persönlichkeit, die ein mögliches Problem darstellt, sondern der verminderte Sprachschatz. Wird daran aktiv gearbeitet, lässt sich das Kommunikationsdefizit beheben.

Neben allen klassischen Verhaltensweisen ist es aber vor allem die Körpersprache, die schüchterne Kinder „verrät". Ein gesenkter Blick auf den Boden, das Verstecken hinter Eltern oder Lehrern, gesenkte Schultern, ein langsamer Gang. Fühlen Kinder sich in einer Situation unwohl, reagieren sie häufig mit einer sehr überzogenen Körpersprache. Ebenso, wie sie bei einem freudigen Anlass buchstäblich in die Luft springen und mit den Armen wedeln, sacken sie bei einer unangenehmen Situation zusammen. Extrem schüchterne Kinder zeigen diese Körpersprache häufig auch in Alltagssituationen. Wo das eine Kind auf dem Boden vor dem Fernseher liegt und sich freudig umherrollt, sitzt das andere auf engstem Raum an der Sofakante und bewegt sich nicht.

Ist mein Kind schüchtern?
Um herauszufinden, ob Ihr Kind schüchtern ist, sollten Sie Ihre Definition des Begriffes hinterfragen. Dafür lohnt sich ein Blick auf die eigene Persönlichkeit. Sie sind immer aktiv, eine Person, die gern im Mittelpunkt steht und zu je-

der Zeit zu allem bereit ist? Oder genießen Sie Ihre Ruhe, begegnen neuen Situationen mit Bedacht und ziehen sich schnell auch mal zurück? Das Verständnis der eigenen Persönlichkeit ist wichtig, um richtig einschätzen zu können, welche Erwartungen Sie an andere haben. Denn wir neigen dazu, uns selbst als den Durchschnitt einzuschätzen. Kaum jemand sagt über sich selbst, er sei drastisch anders als andere Menschen in der direkten Umgebung oder gar in der gesamten sozialen Struktur. Mit dieser Einschätzung geht also eine gewisse Erwartungshaltung einher.

Sind die eigenen Schwächen und Stärken erkannt, ist es leichter, einen klaren Blick für das Verhalten anderer zu haben. Auch für das der eigenen Kinder. Denn plötzlich geht es nicht mehr darum, was man selbst in einer Situation getan hätte. Es geht darum, wie sich Ihr Kind in dieser Situation verhalten hat.

Haben Sie die Sorge, dass Ihr Kind oder Enkelkind unter seiner Schüchternheit leidet, gilt es nicht nur, auf einzelne Bereiche zu achten. Ist das Kind von fröhlicher Natur? Spielt es gern, geht im Wald auf Entdeckungsreise und fragt beim Bäcker auch mal nach, ob die Brötchen am Affenbrotbaum wachsen? Gleichzeitig zieht es sich aber zurück, wenn es sich in einer größeren Gruppe von fremden Kindern befindet? Wägen Sie die tatsächliche Belastung für das Kind ab. Wirkt Ihr Kind lediglich in bestimmten Situationen sehr schüchtern, kann es noch mitten in der Lernphase stecken. Wie gehe ich mit neuen Umständen um? Wo ist mein Platz in dieser Gruppe? Was wird hier als Nächstes passieren? Diese Art der Zurückhaltung ist nicht nur normal, sie ist auch wichtig. Sie hält auch Erwachsene noch davon ab, sich in unsichere Lagen zu bringen. Bleibt dieser Zustand jedoch bestehen, hilft es, nach einer Konstanten zu suchen. Gibt es bestimmte Personen, die immer dann anwesend sind, wenn

Ihr Kind sich schüchtern verhält? Ist es ein bestimmter Ort, der für den Rückzug sorgt? Erst die Verknüpfung aller relevanten Informationen erlaubt es, eine Aussage darüber zu treffen, ob Schüchternheit das tatsächliche Problem ist.

Abschließend sollten Sie sich aber auch unbedingt auf Ihr Bauchgefühl verlassen. Sie kennen Ihr Kind am besten. Sie wissen genau, wann es sich unwohl fühlt, wann es einfach nur die Nase voll hat von lauten Kindern und wann es zu einer drastischen Veränderung im Verhalten kommt. Lassen Sie sich nicht von anderen verunsichern und beeinflussen. Denn viel zu oft ist ein gut gemeinter Rat hier fehl am Platz. Nicht selten haben Eltern erst dann das Gefühl, dass etwas nicht stimmen könnte, nachdem beistehende Personen ungefragt kommentiert haben.

„Mein Sohn ist ja ganz offen mit anderen Kindern. Ihre Kleine ist ja eher schüchtern."

„Warum gibt Ihr Kind mir denn nicht die Hand? Das ist aber unhöflich!"

„Wenn das bei mir im Haus passieren würde, gäbe es aber Konsequenzen!"

Seien Sie in Ihrer Familie gefestigt genug, einen eigenen Rhythmus zu haben. Bricht das Verhalten Ihres Kindes aus diesem aus, und Sie machen sich darüber Sorgen, dann ist es an der Zeit, sich genauer mit dem Thema zu befassen. Bis dahin stellen Sie sicher, dass Sie und Ihr Kind in Einklang und Harmonie mit sich selbst sind – denn Selbstwert wird nicht von außen, sondern von innen definiert.

Ist Schüchternheit nur eine Phase?

Eltern werden heute regelrecht mit Informationen überschüttet. Zeitschriften, TV-Programme und das Internet bieten einen konstanten Strom von Daten, Fakten und Tipps rund um das Thema Kinder und Kindererziehung. Dies führt dazu, dass Eltern zunehmend versuchen, die erhaltenen Informationen zu verarbeiten und auf das eigene Kind anzuwenden. Selbst klassische Alltagssituationen werden ganz genau unter die Lupe genommen.

Dies kann dazu führen, dass normale Entwicklungsstadien falsch interpretiert werden. Die Sorgen um das Wohl des Kindes stehen dann in keinem Verhältnis zum Sachbestand. Um richtig einschätzen zu können, ob Ihr Kind gerade nur eine normale Entwicklungsphase durchmacht oder ob es Grund zur Sorge gibt, hilft es, einen Blick auf die allgemeine Persönlichkeitsentwicklung von Kindern zu werfen.

Gleich zu Beginn ein Verweis darauf, dass das Thema Persönlichkeitsentwicklung in der Fachliteratur hochkomplex ist. Es gibt keine klare Definition des Begriffes Persönlichkeit, und auch das Erlangen oder Entwickeln der Persönlichkeit kann unter verschiedenen Gesichtspunkten betrachtet werden. Obwohl es allgemein anerkannte Theorien und Grundlagen gibt, ist die Forschung der Persönlichkeitsentwicklung ein dynamisches Feld, in dem es regelmäßig neue Erkenntnisse gibt.

Innerhalb der unzähligen Theorien über die Entstehung von Persönlichkeit finden sich somit viele Denkansätze. Zwei bekannte und weitläufig anerkannte Beispiele sind die der klassischen Psychoanalyse und die der klassischen

Lerntheorie. Innerhalb der Psychoanalyse wird von drei Bewusstseinsebenen gesprochen. Dem unbewussten Es, dem vorbewussten Ich und dem bewussten Über-Ich. Die Psychoanalyse basiert auf der Überzeugung, dass sozusagen angeborene Triebe das Durchlaufen verschiedener Entwicklungsphasen steuern, die anschließend zur Ausbildung der individuellen Persönlichkeit führen. Die klassische Lerntheorie hat einen grundlegend anderen Ansatz. Hier geht es darum, dass die Persönlichkeit ein Zusammenspiel aus Verhaltensmustern und Reaktionstendenzen ist. Und, sind Sie bereits verwirrt? Ganz genau! Dieser kleine Exkurs macht deutlich, dass es für Laien sehr schwer ist, komplexe Themen wie die Persönlichkeit fachlich zu begutachten und entsprechende Schlüsse daraus zu ziehen. Lassen Sie sich also nicht von den unzähligen, vermeidlich professionellen Blogartikeln und News-Texten verunsichern! Konzentrieren Sie sich darauf, was Sie sehen, hören und spüren.

Nicht schüchtern, sondern vorsichtig

Es besteht also die Gefahr, dass ganz normale Situationen überinterpretiert werden. Aber wie lässt sich herausfinden, ob die Schüchternheit des Kindes nur eine Phase ist oder ein Teil der Persönlichkeit? Und bis zu welchem Punkt ist Schüchternheit tolerierbar, und ab wann treten Probleme auf? Werfen wir einen Blick auf ein paar klassische Alltagssituationen. Die kleine Emma beginnt im Alter von zwei Jahren damit, sich hinter Mama, Papa oder den Großeltern zu verstecken, wenn sie mit unbekannten Menschen konfrontiert wird. Insbesondere dann, wenn viele neue Personen auftreten, ist sie zurückhaltend und geht auf Abstand.

Gleichzeitig ist sie das blühende Leben, wenn sie von bekannten Gesichtern umgeben ist und sich in einer vertrauten

Umgebung befindet. Tritt ein solches Verhalten scheinbar aus dem Nichts zutage, handelt es sich häufig um einen natürlichen Entwicklungsschritt. Vor allem nach einer Wachstumsphase sind solche temporären Verhaltensänderungen zu beobachten. Die kleine Emma hat nicht nur körperlich neue Fähigkeiten erlangt, sondern auch mental. Stellen Sie sich vor, Sie wachen eines Morgens auf und sind in der Lage, komplexe Zusammenhänge zu verstehen, von denen Sie am Abend nicht einmal wussten, dass es diese überhaupt gibt. Würden Sie nicht ebenfalls vorsichtig in die Welt gehen, um zu sehen, was nun auf Sie zukommt? Tritt Emma also einen Schritt zurück und betrachtet die neue Situation ganz genau, ist dies ein natürliches wie hilfreiches Verhalten. Hat sie sich an die neue Situation gewöhnt, geht diese Phase vorüber.

Im Leben eines jungen Kindes gibt es eine Reihe von Situationen, in denen die Konfrontation mit Neuem und Unbekannten besonders drastisch ist. In der Regel ist nicht nur das Kind aufgeregt – auch Eltern und das restliche Umfeld schauen ganz genau hin. Ist die Erwartungshaltung gegenüber dem Kind zu hoch, lassen sich schnell „Fehler" finden, die eigentlich gar keine sind.

- Warum gehst du denn nicht mit den anderen spielen?
- Gibt der guten Frau doch bitte die Hand!
- Kannst du bitte lauter sprechen, man hört dich ja gar nicht!

Sätze, die nicht selten von Erwachsenen zu hören sind. Oft in einer Situation, die selbst für Erwachsene belastend wäre. Denn worin unterscheidet sich der erste Schultag vom ersten Tag im neuen Job? Welchen Unterschied gibt es zwischen dem Auftritt des Schulchors und einer Rede vor dem eigenen Sportclub?

Was sich als schüchternes Verhalten interpretieren lässt, ist oft eine temporäre Reaktion auf neue Situationen. Hat sich das Kind an die neuen Gesichter, die neue Umgebung oder die anderen Verhaltensmuster im Alltag gewöhnt, findet es seinen Platz und versucht, die Zeit ganz entspannt zu verbringen. Kommt das zurückhaltende Verhalten in Schüben, besteht kein Grund zur Sorge. Ihr Kind erlernt neue Denkmuster und muss diese für sich begreifen und interpretieren. In neuen Situationen Vorsicht walten zu lassen, ist ein wichtiger Schutzmechanismus, den auch Erwachsene noch aufweisen.

Was aber, wenn die Phase der Schüchternheit anhält und sich sogar ausweitet? Gibt es Indizien dafür, dass ein Kind mehr als nur vorsichtig ist? Im Folgenden lesen Sie die Geschichte von Sophie und ihrer Tochter Natalie, die einen Einblick in ein mögliches Szenario bietet, das Grund zur Sorge gibt.

„Wir waren eine glückliche kleine Familie. Ich war in der Lage, volle drei Jahre eine Auszeit von meinem Job zu nehmen und mich um unseren kleinen Engel Natalie zu kümmern. Sie war ein glückliches Baby, immer aktiv und der Sonnenschein unserer Tage. Mein Mann und ich waren darauf bedacht, ihr immer zur Seite zu stehen. Von den ersten Schritten bis zum ersten Wort, es war ein wahres Wunder.

Ich erinnere mich kaum daran, wann sie sich zurückzog. Sie versteckte sich ab und zu in ihrer Spielecke, wenn zum Beispiel viele Gäste zu Besuch da waren oder ein Fremder im Haus war. Ungewöhnlich war das aber nicht. Gerne hätte ich mich ab und zu mit ihr versteckt, denn der wilde Tru-

bel ist auch nicht mein Ding. Meine Mutter versicherte mir, dass ich auch ein schüchternes Mädchen war – und aus mir ist ja auch was geworden. Also kein Grund zur Besorgnis!

Mit drei Jahren kam Natalie dann in den Kindergarten. Sie war sehr aufgeregt. Sie wollte neue Freunde kennenlernen und in dem großen Sandkasten spielen, den es dort gab. Als jedoch der erste Tag im Kindergarten bevorstand, änderte sich ihre Stimmung drastisch. Bereits am Vorabend war sie sehr aufgewühlt und weinte sich in den Schlaf. Der Morgen verlief nicht viel entspannter. Unter viel Protest gab sie schließlich nach und setze sich ins Auto, um die Fahrt in den Kindergarten anzutreten. Vor Ort angekommen, dauerte es eine gefühlte Ewigkeit, bis sie endlich bereit war, die Räume zu betreten. Versteckt hinter Papas Beinen, ging es im Schneckentempo auf die Erzieherin zu. Sie beachtete diese in keinster Weise. Sie brachte nicht einmal ein Wort hervor. Die Kindergärtnerin versicherte mir, dieses Verhalten sei ganz normal. Schließlich sei das alles neu und furchtbar überwältigend. Schnell würde es sich legen, und schon bald würde sie bestimmt mit den anderen Kindern im Garten herumrennen.

Doch die prophezeite Besserung blieb aus. Natalie war jeden Morgen traurig. Sie mochte den Kindergarten nicht, und sie mochte auch die Kinder dort nicht. Sie fand schließlich eine Freundin, die ähnlich ruhig zu sein schien. Endlich ein Lichtblick. Die beiden verbrachten jede Minute miteinander, und der Aufenthalt im Kindergarten wurde für uns alle entspannter.

Wir waren so konzentriert darauf, die Probleme im Kindergarten zu lösen, dass wir nur spät bemerkten, dass unser Engel sich auch in anderen Situationen zunehmend zurückzog. Wo andere auf dem Spielplatz innerhalb von Sekunden

Anschluss zu einer Gruppe fremder Kinder fanden, war Natalie allein auf der Rutsche unterwegs. Sie schien nicht unglücklich, sie hatte jede Menge Spaß dabei, durch den Sand zu toben – nur wollte sie einfach keine anderen dabeihaben. Wenn sie angesprochen wurde, senkte sich der Blick sofort zum Boden. Wenn es überhaupt eine Antwort gab, dann nur eine sehr kurze, mit leiser Stimme.

Wenn die Dame im Supermarkt an der Frischetheke ihr ein Stück Fleischwurst über den Tresen reichte, dann musste Papa es annehmen, denn Natalies Gesicht war tief in dessen Schulter vergraben. Als es dann endlich so weit war, das neue Kapitel des ersten Schultags aufzuschlagen, standen wir alle unter Strom. Wie wird der Tag verlaufen? Wird sie Freunde finden? Kann sie sich in die neue Situation einfinden?

Natürlich verlief der Tag wie erwartet anstrengend. Natalie konnte es kaum erwarten, aus der Schule zu rennen und sich an mich zu klammern. Mit der Zeit kehrte zwar Alltag ein, aber es kam immer wieder zu Ausnahmesituationen, die echte Probleme bereiteten. Ihre schulischen Leistungen waren gut. Sie hatte besonders viel Spaß am Lesen, auch der Kunstunterricht war genau richtig für sie. Sie fand erneut eine gute Freundin, mit der sie ihre Zeit verbrachte und bei der sie ein ganz normales, entspanntes und fröhliches Kind war.

Doch sobald besondere Aufgaben anstanden, fiel sie zurück in alte Verhaltensmuster. Ein Gedicht vor der Klasse aufsagen, im Unterricht einen Vortrag halten oder eine Rechenaufgabe an der Tafel lösen – für Natalie nahezu unlösbare Aufgaben. In der vierten Klasse gab es ein Kunstprojekt, das vor der ganzen Stufe vorgestellt werden sollte – bereits am

Vorabend klagte sie über heftige Bauchschmerzen, und am kommenden Tag mussten wir sie zu Hause lassen."

Sophie (35) über ihre Tochter Natalie (11)

Die Geschichte von Natalie zeigt, dass Schüchternheit nicht immer nur eine Phase ist. Es gibt Personen, die ein Leben lang damit zu kämpfen haben, ihren Platz in der Welt zu finden. Nun könnte man sagen, dass sie es ja dennoch geschafft, hat den Alltag zu meistern. In extremen Fällen wie dem von Natalie muss man sich jedoch die Frage stellen, ob es ausreichend ist, den Alltag einfach nur zu meistern. Wie belastend ist diese Zurückhaltung für das Mädchen? Welche Folgen kann es auf lange Sicht haben? Wird sie emotionale wie soziale Defizite im Erwachsenenleben haben?

Sobald es sich abzeichnet, dass die Schüchternheit für Ihr Kind zu einer Herausforderung wird, lohnt es sich, genau hinzuschauen. Wenn es möglich ist, Ihr Kind aktiv dabei zu unterstützen, mehr Selbstbewusstsein zu erlangen, wird dies wichtige Grundlagen für die zukünftige Entwicklung bieten. Bedenken Sie, dass es nicht immer notwendig ist, einzugreifen. Wägen Sie ab, ob eine Intervention nützlich ist oder ob Sie einfach ein wenig Geduld haben sollten. Wird zu viel Druck auf ein Kind ausgeübt, führt dies selten zu einer Besserung der Situation.

Unabhängig von Geschichten wie Natalies oder den individuellen Herausforderungen, die Sie mit Ihrem Kind haben, gibt es eine weitere mögliche Begründung der Schüchternheit. Nimmt das Verhalten von Kindern überzogene Ausmaße an, kann eine akute Entwicklungsstörung vorliegen. Diese kann unter anderem auf das sogenannte Asperger-Syndrom oder auf hochfunktionalen Autismus hinweisen. Da nur rund 1,5 % der Gesamtbevölkerung in Deutschland an

Asperger leidet und die Zahl der Personen mit hochfunktionalem Autismus noch geringer ist, besteht kein Grund zur allgemeinen Sorge. Ob das eigene Kind in das Spektrum dieser Erkrankungen fällt, sollte immer durch einen Spezialisten diagnostiziert werden.

Unterschied zwischen Schüchternheit und Asperger-Syndrom / Autismus

Die Diagnose Autismus ruft im öffentlichen Verständnis ein klares Bild hervor. Viele denken unmittelbar an Patienten mit Down-Syndrom, die sich häufig im autistischen Spektrum befinden. Weniger bekannt ist jedoch, dass es innerhalb der autistischen Erkrankungen sehr starke Unterschiede gibt. So ist eine betroffene Person nicht automatisch körperlich entstellt oder eingeschränkt.

Autismus ist eine mentale Erkrankung. Die Ursachen werden bis heute stark diskutiert. Obwohl es eine Reihe von interessanten Theorien zu diesem Thema gibt, ist es noch nicht gelungen, eine klare Begründung der Entwicklungsstörung zu definieren. Für andere Erkrankungen wie etwa das Rett-Syndrom gibt es bereits klare Ursachendefinitionen – in diesem Fall handelt es sich um eine spezifische Genmutation.

Neben der Diagnose Autismus wird auch immer wieder vom Asperger-Syndrom gesprochen. Noch wird Asperger als separate Erkrankung angesehen. Dies könnte sich jedoch ändern. Spezialisten denken darüber nach, Asperger-Patienten zum autistischen Spektrum zu zählen und hier von einem milden Autismus zu sprechen.

Denn viele Symptome innerhalb der Krankheitsbilder weisen fließende Grenzen auf. Es ist schwer, eine klare Abgrenzung zwischen Asperger und Autismus zu ziehen. Insbesondere, da es für keines der Krankheitsbilder eine Ursachendiagnose gibt. Laut Definition der Weltgesundheitsorganisation WHO befinden sich vier Krankheitsbilder innerhalb des Autisten-Spektrums:

- Frühkindlicher Autismus
- Hochfunktionaler Autismus
- Asperger-Syndrom
- Atypischer Autismus

Innerhalb dieser Krankheitsbilder gibt es weitere Unterkategorien. Dies bedeutet, dass einzelne Symptome stärker oder schwächer ausgebildet sind. Die Kategorisierung unterscheidet sich auch in der Häufigkeit des Auftretens. Anhand der zu erwartenden Sprachentwicklung lässt sich die mögliche Einstufung gut erläutern. Personen mit frühkindlichem Autismus, die im Erwachsenenleben schlichtweg als Autisten eingestuft werden, können nicht sprechen. Ein Patient, der als hochfunktionaler Autist diagnostiziert wird, beginnt etwa zum vierten Lebensjahr mit dem Sprechen. Asperger-Patienten haben ein hochentwickeltes Sprechverhalten. Sie beginnen sehr früh damit, sich nahezu wie Erwachsene zu artikulieren.

Eine Asperger-Diagnose ist nur schwer zu treffen. Dies gilt auch für hochfunktionalen Autismus. Sind die Symptome nur sehr mild, ist es in einigen Fällen nicht möglich, zwischen einer Entwicklungsstörung und ausgeprägter Persönlichkeitsentwicklung zu unterscheiden. Mit diesem Wissen im Hinterkopf sollte die Frage danach, ob das eigene Kind möglicherweise innerhalb des Spektrums liegt, mit Vorsicht angegangen werden. An dieser Stelle soll erneut der Hinweis darauf erfolgen, dass nur 1,5 % aller Deutschen mit dem Asperger-Syndrom diagnostiziert werden. Viele von ihnen mit einer extrem milden Form, die zwar Herausforderungen beinhaltet, aber den Alltag nicht komplett auf den Kopf stellt.

Die meisten Asperger-Patienen zeigen erst ab dem dritten Lebensjahr ein auffälliges Verhalten, bis zu diesem Zeitpunkt verläuft die mentale Entwicklung absolut normal. Sie sind in der Lage zu kommunizieren, sich in der Umgebung einzufinden und eine gewisse Selbstständigkeit zu entwickeln – es gibt keinen Unterschied zur Entwicklung bei Kindern, die nicht an Asperger leiden. Es kann vorkommen, dass die motorische Entwicklung leicht zurückbleibt. Allerdings nur zu einem geringen Grad, was bis dahin ebenfalls keinen Grund zur Sorge bietet.

Viele Kinder werden erst im Vorschulalter oder sogar später mit dem Asperger-Syndrom diagnostiziert. Das auffälligste Problem ist das soziale Defizit. Die Kinder wirken emotionslos und kalt gegenüber Gleichaltrigen. Sie bauen keine persönlichen Bindungen zu Freunden auf. Sie sind nicht in der Lage, sich in andere hineinzuversetzen oder Gefühle für andere Personen zu empfinden. Vor allem in komplexen sozialen Situationen, wie dem Spielen in einer großen Gruppe mit vielen Kindern, machen sich Verhaltensauffälligkeiten bemerkbar.

Asperger-Kinder können nur im geringen Maße oder zum Teil gar keine wechselseitigen Gespräche führen. Sie konzentrieren sich ausschließlich auf die eigenen Interessen. Stellt das Gegenüber Fragen oder wirft Anregungen ein, werden diese ignoriert. Häufig führen betroffene Kinder auch Selbstgespräche. Da eine Unfähigkeit besteht, Freundschaften zu schließen, sind Asperger-Patienten oft Einzelgänger, die keinerlei Interesse daran haben, mit Anderen soziale Kontakte zu knüpfen.

Ein klassisches Symptom ist die sogenannte Inselbegabung. Das Kind hat ausgeprägte Kenntnisse zu einem sehr speziellen Interessensbereich. Das können ungewöhnliche Dinge wie Holzarten, Flugzeugtypen oder Burgen sein. Das Interesse an diesen selektiven Bereichen kann dazu führen, dass die Kinder darüber hinaus kaum bereit sind, anderes Wissen zu erlangen, was im schulischen Umfeld dazu führt, dass es im Unterricht an Aufmerksamkeit fehlt. Im Vergleich zum Durchschnitt weisen Asperger-Patienten einen sehr hohen Intelligenzgrad auf. Die selektive Interessenwahrnehmung führt aber dazu, dass die schulischen Leistungen häufig sehr schlecht sind.

Ein weiteres Symptom ist eine hochempfindliche Sinneswahrnehmung. Die Patienten können extrem empfindlich auf Gerüche, Geräusche oder Berührungen reagieren. Dies erschwert es, den Alltag zu meistern. Viele Personen mit Asperger-Syndrom sind sich ihres Andersseins sehr bewusst. Sie versuchen, durch eine Modifikation des eignen Verhaltens in die sozialen Strukturen ihrer Umgebung zu passen. Dies ist extrem belastend für die Betroffenen und resultiert nicht selten darin, dass sie sich komplett von sozialen Interaktionen zurückziehen.

Bei genauer Betrachtung von autistischen Erkrankungen wird also schnell deutlich, dass extrem schüchternes Verhalten eines der Symptome sein kann. Allerdings spielen selbst bei milden Stufen von Asperger-Syndrom und hochfunktionalem Autismus noch viele weitere Faktoren mit hinein.

Es ist gefährlich, ohne eine ärztliche Diagnose voreilige Schlüsse zu ziehen. Es gibt hochinteressante Fachliteratur, deren Inhalte für den Laien aufgearbeitet sind. Dennoch besteht die Gefahr, dass diese fehlinterpretiert werden. Sollten Sie den Verdacht hegen, dass Ihr Kind nicht nur eine schüchterne Persönlichkeit hat, sondern eine mentale Entwicklungsstörung vorliegen könnte, suchen Sie unbedingt einen Spezialisten auf. Liegt eine professionelle Diagnose vor, können Familien zum Beispiel dem Bundesweiten Hilfsverband für Autisten beitreten, um Hilfe im Alltag zu erhalten.

Kapitel 3:
Warum ist mein Kind schüchtern?

Vielleicht haben Sie Ihr Kind und seine Verhaltensweisen bereits in diesem Buch erkannt. Vielleicht sind Sie nun aber auch ein wenig beruhigt und haben einen entspannteren Blick auf Ihre individuelle Situation. Was auch immer für Sie zutrifft, die Grundfrage bleibt wahrscheinlich die gleiche: Warum ist ausgerechnet mein Kind schüchtern?

Die Gründe dafür können sehr unterschiedlicher Natur sein. An dieser Stelle distanzieren wir uns davon, eine psychische Störung und somit ein Krankheitsbild in Betracht zu ziehen. Wenn Sie davon ausgehen, dass dies für Ihr Kind der Fall sein könnte, kontaktieren Sie dennoch unbedingt die relevanten Fachärzte.

Bedenken Sie mit Blick auf Ihre Einschätzung den sozialen wie kulturellen Kontext, in dem Sie sich bewegen. Denn wie so häufig im Leben, liegt die gefühlte Wahrnehmung auch hier zu einem Großteil im Auge des Betrachters. So gibt es großen Interpretationsspielraum, der zum Beispiel in einem interkulturellen Umfeld deutlich wird. In Deutschland wird Schüchternheit und Zurückhaltung als eher negativ eingeschätzt. Wir erwarten von Personen, offen und direkt zu sein – im internationalen Verständnis werden wir damit sogar als frech und unhöflich wahrgenommen. In Asien wird ein zurückhaltendes Kind besonders geschätzt. Nicht nur ist es in diesem Umfeld eine Frage der Höflichkeit – schüchternen Kindern und Erwachsenen wird ein hohes Level an Intellekt zugesprochen. Wo zieht man hier die Grenze zwischen Schüchternheit und integrierter Sozialpersönlichkeit?

Schließen Sie außerdem nicht von sich auf andere. Sie tragen gerne bunte Farben, haben eine laute Stimme, und es fällt Ihnen leicht, zu anderen Menschen Kontakt zu finden? Wie viele Erwachsene in Ihrem Umfeld haben eine ähnlich starke Persönlichkeit? Wahrscheinlich nur wenige, und dennoch würden Sie diese nicht als schüchtern beschreiben. Bei Kindern neigen wir aber dazu, diese Einstufung schnell zu treffen. Denn wenn Sie offen und direkt sind, sollte es der Nachwuchs doch auch sein?!

Auch wenn ein direkter Vergleich gefährlich ist, liegen Sie mit der Grundidee nicht ganz falsch. Denn Kinder lernen auch über die Nachahmung ihrer Umwelt. Als Elternteil sind Sie ein wichtiger Einfluss im täglichen Leben des Kindes. Es wird sich ohne Frage die eine oder andere Reaktion, Handlungsstrategie und Denkweise bei Ihnen abschauen. Gleichzeitig lohnt sich ein Blick auf theoretische Ansätze der Pädagogik, wie etwa der Anlage-Umwelt-Theorie.

Diese hinterfragt das Zusammenspiel aus angeborener Persönlichkeit und dem Einfluss der Umwelt darauf. Kann also ein Kind sozusagen schüchtern geboren sein und durch sein Umfeld übergangslos in eine willensstarke Persönlichkeit geformt werden? Oder hat der äußere Einfluss auf die Persönlichkeitsentwicklung seine Grenzen – die weder mit den besten noch den schlechtesten Absichten verrückbar sind? Wie Sie vielleicht bereits ahnen, handelt es sich auch hier um ein breites Forschungsfeld, das noch immer viel Raum für neue Erkenntnisse lässt. In den vergangenen Jahren gab es immer wieder neue Theorien, die sich mit dem Feld der Persönlichkeitsentwicklung beschäftigen. Fachleute haben daher ein besseres Verständnis, jedoch keine klar definierten Antworten.

Nicht selten kommt es vor, dass die von uns wahrgenommene Schüchternheit Eltern weitaus mehr beschäftigt und belastet als das Kind selbst. Denn die Sorge darum, dass ein bestimmtes Verhalten zu Problemen führen könnte, wird von den Kleinen nicht geteilt. Insbesondere dann, wenn das Kind sich gerade in einer Entwicklungsphase befindet und lediglich dabei ist, sich an eine neue Situation zu gewöhnen.

Im Folgenden werfen wir einen Blick auf drei Teilbereiche, die dazu beitragen können, Schüchternheit auszuprägen. Zum einen hinterfragen wir die Bedeutung der Persönlichkeitsveranlagung, zum anderen betrachten wir die direkten Umwelteinflüsse. Abschließend beschäftigen wir uns damit, welche bestehenden Verhaltensweisen des Kindes einen Kreislauf verursachen, in dem die Schüchternheit selbst bestärkt wird.

Schüchternheit als Teil der Persönlichkeit

Gehen wir davon aus, dass die Persönlichkeit ein Baukastensystem ist. Die Auswahl an möglichen Bausteinkombinationen ist unendlich. Wir haben Milliarden von Einzelteilen zur Verfügung, auf die wir von Geburt an zugreifen können. Unsere genetische Grundlage bietet für uns einen einfachen Lageplan. Dieser setzt sozusagen das Fundament unserer Persönlichkeit. Ein paar Bausteine befinden sich unverrückbar an Ort und Stelle. Im Laufe unseres Lebens können wir auf diese Steine zurückgreifen und neue hinzufügen.

Das stabile Ausgangskonstrukt bietet uns die Sicherheit, ein funktionierendes System zu haben. Dieses sieht bei jedem

Menschen anders aus. Forscher gehen davon aus, dass wir innerhalb einer liebevollen und fördernden Umgebung in der Lage sind, bewusst wie unbewusst das Beste aus diesem Grundplan zu machen. Das bedeutet auch, dass Bereiche, die von Grund auf stärker ausgebildet sind, leichter angenommen werden als Bereiche, die nur gering vertreten sind. Was also, wenn die Bausteine für Schüchternheit zufällig in hohem Maße vorliegen? Können oder sollten wir uns dagegen wehren, diesen Bereich der Persönlichkeit auszubilden?

Das Gehirn als Schaltzentrale der Schüchternheit

Um die Relevanz dieser Frage besser zu verstehen, begeben wir uns auf eine kurze Reise in das menschliche Gehirn. Es ist unbestritten, dass das menschliche Gehirn das komplexeste System auf unserem Planeten ist. Im Durchschnitt setzt sich ein Menschenhirn aus rund 100 Milliarden Nervenzellen zusammen – das ist eine Eins mit neun Nullen, also 1.000.000.000!

Diese Nervenzellen sind durch knapp 100 Billionen Schaltzellen, den sogenannten Synapsen, miteinander vernetzt – das wäre dann eine Eins mit vierzehn Nullen. Informationen werden mit einer Geschwindigkeit von bis zu 140 m/s zwischen den einzelnen Zellen übertragen.

Innerhalb des Gehirns gibt es verschiedene Bereiche, die ganz bestimmten Aufgaben, Gefühlen und Erregungszuständen zugeordnet werden können. Wir sind heute in der Lage, die Hirnaktivitäten innerhalb dieser Areale mit Hilfe von Hirnscans sichtbar zu machen. Kneifen wir uns also in den Arm, wissen Wissenschaftler millimetergenau, in welchem Hirnareal es zu einer Reaktion kommt. Auch das Zentrum der Schüchternheit wurde bereits ermittelt.

Dabei gibt es keinen speziellen Hirnpunkt, der nur bei schüchternen Personen vorzufinden ist. Die Reaktion findet in demjenigen Hirnbereich statt, der für das Angstempfinden zuständig ist. Schüchterne Menschen sehen also in vielen Situationen ein höheres Gefahrenpotenzial als Personen, die nicht schüchtern sind. Diese Angst ist nicht rational begründet. Häufig basiert sie nicht einmal auf Erfahrungswerten.

Spricht man also von einer schüchternen Persönlichkeit, liegt rein biologisch betrachtet ein leicht reizbares Angstzentrum im Gehirn vor. Das Angstzentrum ist für alle Menschen ausgesprochen wichtig, da es uns frühzeitig vor möglichen Gefahren warnt. Werden allerdings zu schnell und zu häufig Gefahrenimpulse ausgelöst, zeigt sich ein von der kulturellen Norm abweichendes Verhaltensmuster. In extremen Fällen kann dies sogar in die sogenannte soziale Phobie abgleiten.

Soziale Phobie als Krankheitsbild
Erneut ein kleiner Exkurs in ein mögliches Krankheitsbild, das im Zusammenhang mit Schüchternheit relevant ist. Die soziale Phobie ist eine weit verbreitete Erkrankung, unter der zwischen sieben und zwölf Prozent der Bevölkerung mindestens einmal im Leben leiden. Diese Phobie kann also sowohl temporär als auch permanent auftreten.

Wer unter einer sozialen Phobie leidet, lebt in ständiger Angst davor, von seiner Umgebung beurteilt und verurteilt zu werden. Alltägliche Dinge werden als peinlich und lächerlich empfunden. Man schätzt sich selbst als minderwertig ein und stellt die Meinung anderer auf ein höheres Podest. Dies führt zu einer Reihe von anormalen Verhaltensweisen. Die Betroffenen ziehen sich aus dem öffentlichen Leben zurück und vermeiden alltägliche Dinge, wie in der Öffentlichkeit zu essen oder mit anderen Personen zu sprechen. Hinzu kommen auch körperliche Reaktionen. Starkes Schwitzen, schnelles Erröten und Zittern sind klassische Merkmale.

Die Angstzustände treten in Situationen auf, die andere Personen einbeziehen. Ein bekanntes Beispiel dafür ist die Prüfungsangst. Selbst wenn man bestens auf den Prüfungsinhalt vorbereitet ist, können panische Angstzustände eintreten, da man sich davor fürchtet, von anderen bewertet und beobachtet zu werden. Die Kommunikation mit Fremden oder mit Autoritätspersonen wird zu einer echten Herausforderung. Ist eine soziale Phobie bereits stark ausgeprägt, sind normale Aufgaben für die Betroffenen entsprechend kaum zu bewältigen.

Diese mentale Last schlägt sich häufig auch in folgenden physischen Angstreaktionen nieder:

- Starke Übelkeit
- Herzrasen
- Durchfall
- Muskelverspannungen

Dies kann in eine Panikattacke umschlagen, die unter anderem schwere Atemnot hervorruft.

Eine soziale Phobie ist häufig ein Vorbote für die Ausbildung weiterer psychischer Erkrankungen. Wer bereits unter dieser mentalen Störung leidet, neigt dazu, Depressionen zu entwickeln oder eine Abhängigkeitsstörung auszubilden.

Das Krankheitsbild tritt zumeist erstmalig im Jugendalter auf. Mädchen sind zwei Mal so häufig betroffen wie Jungen. Die Gründe für die Ausbildung einer sozialen Phobie sind nicht klar definiert. Auch hier wird von einer Mischung aus genetischer Veranlagung, individuellen Persönlichkeitsmerkmalen und dem Einfluss der Umwelt ausgegangen. Darüber hinaus können bestimmte, zumeist traumatische Erlebnisse ein Auslöser sein.

Es ist kaum möglich, eine soziale Phobie aus eigener Kraft zu überwinden. Betroffene Personen müssen professionelle Hilfe suchen, um eine effektive Behandlung zu erfahren. Die Chancen auf eine Heilung sind bei frühzeitiger Diagnose sehr gut.

Starke Schüchternheit in der Kindheit kann ebenfalls ein Grundstein für die Ausbildung von sozialen Phobien sein. Allerdings kann eine solche Diagnose erst später gestellt werden. Die meisten schüchternen Kinder entwickeln im späteren Leben keine anhaltenden Phobien, die professionelle Behandlung benötigen.

Schüchternheit als Reaktion auf das gewohnte Umfeld

Wir können davon ausgehen, dass ein Teil unserer Persönlichkeit von Geburt an präsent ist. Wenn Sie mehr als ein Kind haben, ist Ihnen bestimmt aufgefallen, dass sich trotz gleicher Erziehung ganz unterschiedliche Personen entwickeln. Rückblickend könnte es sogar sein, dass Ihre Kleinen bereits im Mutterleib ihre Persönlichkeit haben durchscheinen lassen. Extrem aktive Babys, die sich während der Schwangerschaft gern von morgens bis abends bemerkbar gemacht haben, sind häufig auch in der späteren Entwicklung noch kleine Rennmäuse. War die Aktivität im Bauch eher gemäßigt, fangen die Kleinen oft früher an durchzuschlafen und lassen sich durch nichts aus der Ruhe bringen.

Dies bedeutet jedoch nicht, dass das Umfeld keinen Einfluss darauf hat, wie sich die Persönlichkeit eines Kindes entwickelt. Das betrifft auch den Bereich der Schüchternheit. Das Erlebte hat vom ersten Tag an Einfluss darauf, wie sich unsere Wahrnehmung der Umgebung entwickelt. Forscher gehen davon aus, dass bereits Ereignisse aus den ersten Wochen nach der Geburt die Grundlage für die spätere Entwicklung legen könnten.

Die gewollte oder ungewollte Beeinflussung der Persönlichkeitsentwicklung kann im Negativen wie im Positiven vor sich gehen. Die Ausbildung einer extremen Schüchternheit basiert jedoch vornehmlich auf negativen Erfahrungen.

Gewalt und Aggression im direkten Umfeld

Besonders gravierend sind die Auswirkungen von hohem Aggressionsverhalten und körperlicher Gewalt. Das Kind muss selbst nicht direkt betroffen sein. Ist das Verhältnis zwischen den Eltern oder etwa einem Elternteil und einem älteren Geschwisterkind dauerhaft aggressiv und gewalttätig, nimmt dies Einfluss auf die Wahrnehmung des Kindes. Wächst das Kind in einer solchen Umgebung auf, wird das allgemeine Verhalten innerhalb der Familie als normal wahrgenommen. Das Kind fügt sich in seine Rolle und reagiert auf das Erlernte. In einem solchen Fall geht es ständig davon aus, dass es zu einer Auseinandersetzung kommen kann. Das Angstzentrum ist kontinuierlich alarmiert, auch in alltäglichen Situationen.

Das zuhause Gesehene und Erlernte wird automatisch auch auf andere Bereiche übertragen. Wer aus einem aggressiven Umfeld stammt, ist davon überzeugt, dass auch andere Personen ähnlich agieren und reagieren. Dies kann in einer zurückhaltenden Einstellung gegenüber anderen führen. Lebt das Kind in ständiger Angst, geschlagen zu werden oder Gewalt zu beobachten, ist Schüchternheit eine natürliche Reaktion.

Natürlich kann das Aufwachsen in einem gewalttätigen Haushalt auch einen ganz anderen Effekt auf Kinder haben. Nehmen sie das Verhalten als die Norm wahr, können sie selbst dazu neigen, sämtliche Situationen aggressiv und mit Gewalt anzugehen.

Ein wichtiger Wendepunkt im Leben eines jungen Kindes ist die Altersspanne zwischen fünf und sieben Jahren. Zu diesem Zeitpunkt entwickeln Kinder die Fähigkeit, das Eigenverständnis ihres Umfelds mit den Aussagen anderer Kinder vergleichen zu können. Sie sind in der Lage zu erkennen, wenn etwas zuhause anders ist als bei den meisten anderen. Mit dieser Erkenntnis beginnen die Kinder, Situationen zu hinterfragen. Dies ist ein Grund dafür, dass es zu diesem Zeitpunkt zu drastischen Persönlichkeitsveränderungen kommen kann.

ACHTUNG!
Auch wenn die genannten Punkte auf Tatsachen basieren, so ist doch nicht jedes extrem schüchterne Kind häuslicher Gewalt ausgesetzt. Gleichzeitig werden aggressive und verhaltensauffällige Kinder nicht automatisch zuhause misshandelt. Sollten sich also Kinder mit den entsprechenden Anzeichen in Ihrer unmittelbaren Umgebung befinden, nehmen Sie davon Abstand, offizielle Schritte einzuleiten. In der Regel haben die Kinder ausreichend Berührungspunkte mit geschulten Ärzten, Erziehern und Sozialarbeitern. Wenn ein aktives Einschreiten von den Behörden notwendig ist, wird dies auch geschehen.

Eine fehlerhafte Meldung beim Jugendamt oder bei anderen Stellen kann eine Familie stark belasten. Der Trend der übervorsichtigen Meldungen beim Jugendamt hat dabei in den vergangenen Jahren stark zugenommen. Im Jahr 2017 wurden bundesweit 143.000 Fälle für eine Gefährdungseischätzung beim Jugendamt vorgelegt. Nahezu 50.000 Fälle wurden als absolut unbedenklich eingestuft.

Auch psychische Belastungen fördern Schüchternheit

Gewalt gegen Kinder ist in Deutschland zwar ein existierendes Problem, jedoch kein klassisches Gesellschaftsproblem. So wurden im Jahr 2019 rund 40.000 Kinder in staatliche Obhut genommen. Bei weniger als 20 Prozent der Fälle bestand der Verdacht auf körperliche Misshandlung.

Ein größeres Problem stellt häufig der psychische Druck dar, dem Kinder auf ganz unterschiedliche Weise ausgesetzt sind. Auch hier gibt es große Abgrenzungen innerhalb der Definition. Ehrgeizige Eltern können eine hohe Erwartungshaltung haben und üben so oftmals ungewollt mehr Druck auf die eigenen Kinder aus als diese vertragen. Andere sind verbal aggressiv, und es kommt zu einer gravierenden psychischen Misshandlung.

Die Reaktionen auf psychische Misshandlungen sind ähnlich zu denen auf körperliche Misshandlungen. An dieser Stelle soll es aber nicht darum gehen, welche schwerwiegenden Konsequenzen ernsthafte Kindesmisshandlung für die Persönlichkeitsentwicklung haben kann. Vielmehr wollen wir einen Blick darauf werfen, wie Eltern ganz unbewusst mit kleinen, oft gut gemeinten Aussagen Schüchternheit bestärken können.

Das klassische Erziehungsmodell durchläuft mit jeder neuen Generation einen starken Wandel. Was für Ihre Eltern noch als ganz normal galt, wird heute mit kritischen Augen betrachtet. Und auch Ihre Kinder werden ein neues Verständnis dafür haben, wie die Kindeserziehung verlaufen sollte.

Eine besonders starke Verlagerung innerhalb der Erziehung hat es in den vergangenen Jahren in Bezug auf die Rolle des Kindes gegeben. Wo man in der Vergangenheit noch darauf gepocht hat, dass Kinder nicht in der Lage sind, eigene Entscheidungen zu treffen und jeder Teil des Lebens durch die Eltern und das Umfeld kontrolliert wurde, geht es heute um ein lehrreiches Miteinander. Eltern setzen zunehmend darauf, für ihre Kinder ein Umfeld zu schaffen, in dem zwar klare Regeln herrschen, aber auch Freiraum für Selbstentfaltung besteht.

Dies führt zu einem anhaltenden Dialog zwischen Eltern, Großeltern, Lehrern und Kindern. Diese für viele noch neue Situation kann einige Probleme aufwerfen. So werden zum Beispiel kritische Kinder schnell in ihrer Neugierde gestoppt. Insbesondere dann, wenn sie sich in Bereiche einmischen, die sie ja eigentlich nichts angehen. „Dafür bist du noch zu klein." „Das ist was für die Erwachsenen!" „Höre auf, immer so viele Fragen zu stellen!" Aussagen, die im Moment der Aussprache nicht böse gemeint sind, aber für die Kinder einen langen Nachhall haben können. Denn wer immer wieder in seinem Versuch, Dinge zu verstehen, gestoppt wird, gibt irgendwann einfach auf. Wird dann im Kindergarten oder in der Schule ein aktives Interesse gefordert, hat sich das Kind bereits zurückgezogen. Es wurde zu oft zurückgewiesen.

Auch der ständige Versuch, Kinder vor Schaden zu bewahren, kann einen negativen Effekt haben. Wird dem Kind das Gefühl gegeben, dass es nicht in der Lage ist, Dinge allein zu erreichen und umzusetzen, wird es zunehmend weniger Neues ausprobieren. Es kann Angst davor entwickeln, etwas zu testen, das bisher unbekannt war.

„Das soll eine Blume sein? Aber es sieht doch gar nicht aus wie eine Blume."

„Du bist heute schon wieder vom Klettergerüst gefallen? Passiert das denn den anderen Kindern auch immer?"

„Warum ist denn deine Hose schon wieder kaputt? Kannst du nicht ein bisschen besser aufpassen beim Spielen?"

Diese Fragen, die auf den ersten Blick harmlos erscheinen, sollen das Kind dazu ermutigen, sich ein wenig mehr anzustrengen oder etwas mehr aus sich herauszugehen. Auch ein wenig mehr Aufmerksamkeit im Alltag wäre doch schön. Aus der Sicht eines Erwachsenen sind diese Absichten gut gemeint und sollen helfen, den richtigen Weg in die Zukunft zu finden. Aus der Sicht eines Kindes können solche keinen Sticheleien jedoch schnell als herabwertend wahrgenommen werden. „Ich bin nicht gut genug." „Ich bin nicht so gut wie die anderen." „Ich mache immer alles falsch." Wird die Selbstwahrnehmung darauf ausgelegt, Fehler zu finden und nicht darauf, das Positive zu stärken, so wird eine schüchterne Grundhaltung ebenfalls gestärkt.

Welche Verhaltensweisen verstärken Schüchternheit?

Die Grundlage für schüchternes Verhalten wird bereits innerhalb der ersten zwei Lebensjahre gelegt. Das Konzept der Schüchternheit greift jedoch selten vor dem dritten Lebensjahr. Viele Kinder beginnen zu diesem Zeitpunkt mit dem Besuch im Kindergarten und sind nun regelmäßig anderen Personen und neuen Situationen ausgesetzt. Die schüchternen Züge des Kindes kommen nun sozusagen ans Tageslicht.

Zu dem Zeitpunkt, an dem Eltern wahrnehmen, dass das eigene Kind schüchtern ist, haben sich gewisse Verhaltensmuster bereits gefestigt. Werden diese vom Kind beibehalten, kann ein Kreislaufeffekt eintreten. Dies bedeutet, dass das Kind durch sein eigenes Handeln die Schüchternheit verstärkt. Im Folgenden finden Sie drei kleine Geschichten, die das Problem veranschaulichen.

Klara sagt nicht „Guten Tag"
Klara ist fünf Jahre alt und ein aufgewecktes Mädchen. Sie spielt gern im Garten und malt schöne, bunte Bilder. Im Kindergarten hat sie gute Freunde gefunden, und auf Familienfeiern ist sie ausgelassen und fröhlich. Ganz anders sieht es jedoch aus, wenn Klara neuen und fremden Menschen begegnet. Angefangen hat das schon ganz früh. Die Nachbarn, der Postbote und auch die Kindergärtnerin – die ersten Begegnungen liefen eher verhalten ab. Kommt eine unbekannte Person auf Klara zu, senkt sie den Blick auf den Boden. Augenkontakt wird absolut vermieden. Und dann kommt der Moment, der einfach noch nie funktioniert hat – eine freundliche Begrüßung erwidern. Im schlimmsten Fall soll Klara auch noch die Hand geben.

Ihr ist das alles nicht geheuer. Sie kennt diese Menschen nicht, und manchmal hat sie einfach keine Lust, mit irgendwem zu reden. So hat es zumindest einmal angefangen. Ganz harmlos eigentlich. Mama und Papa finden das gar nicht so schlimm. Sogar Oma nimmt es ganz gelassen hin. Aber viele der fremden Menschen, denen sie weder die Hand geben möchte noch etwas zu sagen hat, sind dann ganz komisch. Also hat sie doch vermutlich recht damit, nicht einfach jeden Fremden anzugrinsen und zu begrüßen. Am besten bleibt sie dabei. Denn was, wenn sie jetzt damit beginnt, Hände zu schütteln und über den Tag in der Schule zu reden? Davor hat sie nun ein wenig Angst. Diese ist ja auch begründet, das hat sie ja aus Erfahrung gelernt.

Thomas findet keine Freunde
Thomas sitzt mal wieder allein auf der großen Schaukel im Park. Da sitzt er besonders gerne. Sie steht ein wenig abseits von den anderen Spielgeräten. Die meisten Kinder kommen erst gar nicht so weit an den Rand des Spielplatzes. Und wenn doch, dann schaukeln sie ein paar Runden und lassen Thomas in Ruhe. Genau so wie er es mag. Zumindest meistens. Denn manchmal würde er schon gern mit den anderen Kindern den bunten Turm hinaufklettern oder an der Wassersäule spielen. Aber die anderen Kinder mögen ihn vielleicht nicht. Vielleicht mag er die anderen Kinder auch nicht. Er will es lieber nicht darauf ankommen lassen.

Und das ist schon länger so. Im Kindergarten hatte er noch ein paar Freunde, Christian und Emma. Leider wurden die beiden nicht in dieselbe Schule eingeschult wie er. Nun hat er keine Freunde mehr. Am ersten Schultag hatte er ein wenig Angst, mit den vielen neuen Kindern zu sprechen. Die waren so laut und aufgeregt. Einige kannten sich schon aus dem Kindergarten oder der Nachbarschaft.

Ein Junge namens Anton hatte sich zu ihm gesetzt und gleich ganz viel geredet. Thomas war ruhig geblieben. Anton hat dann auch nicht mehr mit ihm gesprochen. In den folgenden Wochen wusste Thomas nicht so recht, mit wem er die

Pausen verbringen sollte. Immer mal wieder fragten Kinder danach, ob er nicht mitspielen mag. Aber irgendwie hatte Thomas Angst, dass das alles nicht gut geht. Also haben die Kinder aufgehört zu fragen. Da hat er wohl recht damit gehabt, ein bisschen auf Abstand zu gehen. Er wird das am besten so beibehalten. Dann kann auch nichts schiefgehen.

Jara mag keine Gedichte aufsagen
Morgen ist es mal wieder so weit: In der Schule ist Projekttag, und Jara soll zusammen mit ihrer Gruppe über den See hinter der Schule sprechen. Die Arbeit an dem Projekt hat viel Spaß gemacht. Sie hat mit der Gruppe Gräser und Blumen gesammelt. Sie haben ein paar Flaschen mit Wasser abgefüllt. Besonders gut findet sie die Bilder, die sie gemalt hat. Der Gedanke daran, morgen vor der ganzen Klasse über ihr Bild sprechen zu müssen, ist jedoch sehr beunruhigend. Was, wenn die anderen Kinder darüber lachen, was sie sagt? Was, wenn sie vergisst, was sie sagen soll? Bestimmt findet die Lehrerin das Projekt auch nicht gut. Sie bekommt direkt Bauchschmerzen. Vielleicht darf sie ja zuhause bleiben.

Schon im Kindergarten wollte sie sich nicht vor die Gruppe stellen und jeden Morgen darüber sprechen, wie es ihr grade geht. Besonders schlimm war es am Montag oder nach den Ferien. Was hast du gemacht? Wo bist du gewesen? Was war besonders schön? Fragen, die sie einfach nicht beantworten konnte oder wollte. Ihre Stimme war dann ganz leise. Die Kinder konnten sie nicht verstehen und haben dann einfach nicht zugehört. Ein paar haben sogar gelacht. Dasselbe ist dann passiert, als sie in der zweiten Klasse ein Gedicht aufsagen sollte. Zuhause konnte sie jedes Wort aufsagen. In der Schule wurde sie ganz still und hat die Worte vergessen. Auch die Lehrerin war ein wenig verwundert.

Also ist es wohl am besten, wenn sie einfach nicht mehr vor Leuten spricht. Die hören sowieso nicht zu. Denn so ist es ja bis jetzt immer gewesen.

Den Kreislauf der Schüchternheit durchbrechen

Es ist also nicht ungewöhnlich, dass ein zu Beginn unbedenkliches Verhalten sich zu einem Alltagsproblem entwickelt und sich zu extremer Schüchternheit ausprägt. Ist ein Kind in einem solchen Kreislauf gefangen, ist es schwer, aus eigenem Antrieb auszubrechen. Die gleichen Erfahrungen werden wieder und wieder gemacht. Somit wird das negative Bild der Situation gefestigt.

Wenn Sie ein solches Verhalten an Ihrem Kind beobachten, gibt es verschiedene Wege, diesen Kreislauf zu durchbrechen. Ein klassischer Ansatz ist die Reaktionsverschiebung. Dafür ist es relevant, die betroffenen Umweltfaktoren zu adressieren. Überraschen Sie Ihr Kind mit einer unerwarteten Reaktion auf die Standardsituation. Bitten Sie den Postboten beim nächsten Treffen nicht, Ihnen die Hand zu reichen, sondern den Fuß zur Begrüßung in die Luft zu heben. Sprechen Sie mit der Nachbarin ab, im Flur auf Ihr Kind zu warten und zur Begrüßung eine Tröte zu blasen. Diese krasse Verschiebung der erwarteten Reaktion wird Ihr Kind dazu zwingen, die Situation neu zu überdenken. Eine Gegebenheit, die sonst mit Angst in Verbindung gebracht wurde, kann so zu etwas Lustigem, Aufregendem und Überraschendem werden.

Ist es nicht möglich, die Reaktion der Umwelt zumindest zeitweise zu verändern, dienen Rollenspiele als hilfreiches Werkzeug. Stellen Sie eine Szene im Unterricht nach, in der sich Ihr Kind besonders unwohl fühlt. Sie nehmen dabei die

Rolle Ihres Kindes ein, und Ihr Kind kann zum Beispiel die Lehrkraft sein oder ein Klassenkamerad. Das Rollenspiel hilft Ihnen dabei, zu verstehen, welche Ängste Ihr Kind in sich trägt. Sie erkennen an der Art, wie das Kind seine Umwelt nachstellt, in welcher Weise diese wahrgenommen wird. Gleichzeitig haben Sie die Möglichkeit, aufzuzeigen, wo es mögliche Probleme im Verhalten Ihres Kindes geben könnte.

Wenn Sie feststellen, dass Ihr Kind zum Beispiel davon überzeugt ist, dass die anderen Kinder ständig dazwischenreden, wenn es spricht, so soll es am kommenden Schultag darauf achten, wie dieses Verhalten gegenüber dem gesamten Klassenverband ist. Wird gesprochen, wenn jemand etwas sagt? Wenn ja, spricht die Lehrkraft das Problem an? Wie häufig passiert das?

Die genaue Beobachtung der Situation, die nicht direkt Ihr Kind betrifft, wird helfen, ein besseres Verständnis für den Ist-Zustand zu erlangen. Denn im Vergleich zur gefühlten Wahrheit zeigen sich hier zumeist klar erkennbare Unterschiede auf – auch für junge Kinder sind diese realisierbar.

Kapitel 4:
Was sind besondere Herausforderungen mit schüchternen Kindern?

Ein schüchternes Kind ist in vielen Fällen nicht allein die leidtragende Person. Eltern machen sich Sorgen um ihr Kind, und auch Geschwister oder Großeltern versuchen häufig, die Situation richtig einschätzen zu können. Dies bedeutet, dass die Zurückhaltung des Kindes zumeist einen ganzen Personenkreis beeinflusst.

Dies führt dazu, dass sich bestimmte Routinen einspielen, die den Alltag für Eltern und das Kind mit diversen Herausforderungen füllen. Sind Sie also besorgt darüber, wie Ihr Kind auf bestimmte Umstände reagiert, ist die Wahrscheinlichkeit groß, dass Sie Ihr eigenes Verhalten unbewusst verändern. Das Spielen im Park, der Besuch bei alten Bekannten oder der Weg zum Supermarkt können plötzlich für Unruhe im Haus sorgen.

Sind alle Beteiligten darum besorgt, dass es zu einer unangenehmen Situation für das Kind kommen könnte, wird diese indirekt fokussiert. Klingelt es an einem Sonntagnachmittag unverhofft an der Haustür und eine alte Schulfreundin von Mama steht im Flur, kann ein scheinbar normales Ereignis für Unbehagen sorgen. Das Kind hat bereits den Rückzug ins Kinderzimmer angetreten, oder es versteckt sich hinter Papas Beinen. Mama beginnt zugleich damit, zu erklären, dass ihr Nachwuchs recht schüchtern ist und die Freundin sich keine Sorgen machen soll, wenn er komisch reagiert. Papa verschwindet irgendwann mit dem Kind im Garten, um der vermeidlich unangenehmen Situation aus dem Weg zu gehen. Ein schöner Besuch zum Kaffee wird schnell zu einem chaotischen Zusammentreffen.

Natürlich gibt es auch Momente, in denen Eltern oder Geschwister ganz gelassen bleiben und dennoch alles aus dem Ruder läuft. Speziell bei sehr jungen Kindern, die an Schüchternheit leiden, kann so etwas eintreten. Ein entspannter Tag im Freizeitpark muss abrupt abgebrochen werden, weil das Kind sich weigert, weiterhin in langen Schlangen zu stehen oder auf überfüllten Plätzen zu spazieren. Es will unbedingt nach Hause und sich dort vor den Fernseher setzen oder in der Kuschelecke verkriechen. Denn dort gibt es keine Fremden, die es ständig anrempeln oder gar große Kuscheltiere, die laufen und sprechen.

Aber nicht nur spezielle Umstände wie ein Besuch im Unterhaltungspark kreieren ungeahnte Probleme. Steht man mit dem Auto an der Tankstelle und möchte nur schnell hineingehen, um zu bezahlen, ist das Kind bereits den Tränen nahe. Es will nicht allein im Auto bleiben. Also raus aus dem Wagen und mitgehen zur Kasse. Bei älteren Kindern ist dies mit wenig Aufwand verbunden. Wird das Kind aber noch in einen speziellen Autositz geschnallt, ist es zeitraubend, und gerade nach einem langen Tag auch nervenraubend. Denn diese kleinen Dinge ziehen sich nicht selten durch den gesamten Alltag.

Einige Eltern von extrem schüchternen Kindern berichten, dass sie sich im eigenen Haus nicht bewegen können, ohne dass ihr Kind neben ihnen steht. Sitzt man gemeinsam auf der Couch und Mama oder Papa gehen in die Küche, um ein Glas Wasser zu holen, ist der Nachwuchs schon zur Stelle. Mal eben zum Briefkasten, um nach der Post zu schauen?

Nicht ohne Begleitung. Selbst der Gang ins Badezimmer sorgt für Aufregung. Das Kind möchte einfach nicht allein sein.

Eine weitere Herausforderung besteht darin, dass schüchterne Kinder häufig auch an diversen Ängsten leiden. Die Angst davor, neue Personen kennenzulernen oder vor der Klasse ein Gedicht aufzusagen, wird dann von zusätzlichen Angstkonstrukten ergänzt. Die Kinder haben Angst, allein zu schlafen oder in einem dunklen Raum zu sein. Sie entwickeln Angst vor Hunden, vor lauten Geräuschen oder heftigem Regen. Je mehr solcher Ängste sich langsam in den Alltag schleichen, umso schwieriger wird dessen Bewältigung für alle Beteiligten.

Angststörungen sind keine Schüchternheit

Auch wenn diverse Ängste für schüchterne Kinder nichts Ungewöhnliches sind, sind akute Angststörungen ein anderes Phänomen. Eine normale Angstreaktion, zum Beispiel vor einer unbekannten Situation, ist für uns alle absolut normal und ein einfacher Schutzmechanismus. Wie bereits angesprochen, durchlaufen Kinder eine Reihe von Entwicklungsphasen, die zu erhöhter Alarmbereitschaft führen. Die Angstinhalte dieser Phasen ändern sich im Laufe der Zeit mit dem Alter des Kindes und der individuellen kognitiven Entwicklung. Experten sprechen in diesem Zusammenhang von normgerechten Ängsten. Die auftretenden Ängste, wie etwa die Angst, im Dunkeln zu schlafen, sind selten gravierend und vergehen mit der Zeit.

Anders verhält sich das Kind, wenn es von einer krankhaften Phobie betroffen ist. Die Furcht nimmt extreme Ausmaße an und verhindert einen normalen Tagesablauf. In diesem Fall handelt es sich in der Regel um eine Angststörung. Eine solche kann in jeder Lebensphase auftreten und durch diverse Faktoren hervorgerufen werden. Traumatische Erfahrungen können ebenso ein Auslöser sein wie eine kognitive Fehlentwicklung. Dieser Zustand hält zumeist über einen langen Zeitraum an und verschlechtert sich mit der Zeit.

Wenn Sie eine akute Angststörung bei Ihrem Kind vermuten, sprechen Sie mit einem Arzt über Ihre Bedenken. Unbehandelte Angststörungen können gravierende Langzeitauswirkungen haben.

Alltagssituationen bewältigen

Spätestens ab dem Schulalter gestaltet sich auch der Tag eines Kindes nach einem bestimmten Schema. Es gibt eine feste Zeit, den Tag zu beginnen und sich für die Schule vorzubereiten. Die einen Kinder genießen ihr Frühstück zu Hause, die anderen beginnen den Tag in der offenen Ganztagsschule. Wieder andere verbringen vor dem Schulbeginn noch ein wenig Zeit bei Oma und Opa. Unabhängig davon wie der Tag beginnt – eine klassische Routine kann mit einem schüchternen Kind in der Familie zu einer Herausforderung werden.

Steht ein Vortrag im Unterricht an, möchte das Kind am liebsten gar nicht erst das Haus verlassen. Die Kleinen entwickeln dafür oft geschickte Strategien, um den Antritt zum Schulweg möglichst lange hinauszuzögern. Die einen beklagen sich schon am Vorabend über Halsschmerzen oder Bauchschmerzen. Am Morgen sind die kleinen Schmerzen dann ein ausgewachsenes Problem und hoffentlich ein guter Grund, nicht in die Schule zu müssen. Auch die klassische Trödelei ist ein Mechanismus, der von vielen Kindern angewendet wird. In Zeitlupe die Socken anziehen und anschließend das wichtige Mathebuch nicht finden – all das bringt ein paar Extraminuten.

Da diese Strategien nicht nur von schüchternen Kindern gern verwendet werden, hier ein paar Tipps, wie Sie solche Tage möglichst stressfrei überstehen:

- Schon am Vorabend so viel vorbereiten wie möglich. Pausenbrot schmieren, Tasche packen und Kleidung herauslegen.
- Am Vorabend über den kommenden Schultag sprechen. Gibt es morgen etwas Besonderes in der Schule? Mit wem wirst du in der Pause spielen? Welches Fach macht dir morgen besonders viel Spaß? Wird das Kind an die positiven Aspekte erinnert, hilft ihm dies, den Tag motiviert zu starten.
- Zeit zum Helfen einplanen – auch wenn Sie als Elternteil am Morgen selbst viel zu tun haben: Nehmen Sie sich die Zeit, dem Kind beim Anziehen oder Zähneputzen zu helfen. Es ist oft wenig hilfreich, einfach nur ins Kinderzimmer zu rufen, dass alle spät dran sind.
- Gemeinsam aufstehen – auch wenn der Papa eigentlich noch 20 Minuten länger schlafen könnte: Kinder fühlen sich geborgen, wenn der Tag mit der ganzen Familie beginnt. Selbst ein paar gemeinsame Minuten am Frühstückstisch helfen dabei, dem Kind einen positiven Start in den Tag zu sichern.
- Keine Schuldzuweisungen – „Nun sind wir deinetwegen schon wieder zu spät!" Solche Sätze sollten Sie unbedingt vermeiden. Besser von einer Verspätung in der Gemeinschaft ausgehen: „Wir haben so getrödelt, nun kommen wir vielleicht zu spät!"

Nicht nur der Weg zur Schule ist eine klassische Alltagssituation, die sich mit einem schüchternen Kind nur schwer meistern lässt. Häufig sind es unerwartete Momente, die zu einem echten Problem werden. Spielt das Kind auf dem

Spielplatz nicht gern mit anderen Kindern, kann man sich darauf einstellen. Es hat ausreichend Möglichkeiten, den unangenehmen Situationen aus dem Weg zu gehen. Anders ist dies an Orten, an denen viele Menschen zu erwarten sind. Ein Ausflug ins Freibad, ein Tag im Freizeitpark oder der Einkauf auf dem Wochenmarkt bringen dann viel Stress mit sich.

Es ist davon abzuraten, den Alltag so zu planen, dass diese oder ähnliche Momente eliminiert werden. Wird das Kind gezielt von Umgebungen abgeschirmt, in denen es sich unwohl fühlt, ist dies wenig hilfreich, um die Schüchternheit zu überwinden. Besser ist es, vor dem Besuch auf dem Markt oder im Freibad mit dem Kind darüber zu sprechen. Im Idealfall sind die möglichen Ängste schon vor der Abreise durch freudige Erwartungen zu ersetzen. „Wenn wir heute auf dem Wochenmarkt sind, kaufen wir wieder den leckeren Käse, den du so gerne magst. Die Dame vom Käsewagen gibt dir bestimmt auch ein Stück zum Probieren!"

Gleichzeitig sollte es vermieden werden, diesen Teil des Alltags als eine Art Ausnahmezustand anzusehen. Hier sind allein die Eltern am Zug. Bleiben diese ruhig und projizieren sie die eigene Angst nicht auf das Kind, beruhigt dies die Gesamtsituation. „Keine Angst, heute wird es bestimmt nicht so voll im Freibad." Ein Satz, der gut gemeint ist, aber im Kind sofort das Gefühl auslöst, dass etwas nicht stimmt.

Das richtige Feedback geben
Wir alle haben mindestens ein Elternpaar in unserem Umfeld, das große Angst davor hat, sein Kind in die Obhut anderer zu geben. Nicht einmal Oma und Opa oder die besten Freunde dürfen das Baby im Arm halten. Oft wird davon gesprochen, dass das Baby fremdelt und sich erst noch daran gewöhnen muss, mit anderen Menschen Kontakt zu haben.

Die Wahrheit ist häufig eine andere. Denn es sind die Eltern, denen die Trennung von Kind schwerfällt. Sie übertragen die eigene Angst auf das Kind – eine Angst, die selbst Säuglinge spüren: Wenn Mama oder Papa schon nicht wollen, dass mich eine andere Person in den Armen hält, dann kann das ja auch nicht gut sein! Werden bereits in den ersten Lebensmonaten die Grundsteine für ein solches Verhalten gelegt, ist es schwer, dies im höheren Alter abzulegen.

Das Feedback, das Kinder von ihren Eltern erhalten, ist daher auch in klassischen Alltagssituationen ausschlaggebend. Kinder nehmen nicht nur wahr, wenn sie direkt angesprochen werden. Insgesamt gibt es drei relevanten Komponenten für die Feedback-Kommunikation:

- Körpersprache
- Direkte Kommunikation
- Indirekte Kommunikation

Ein unbedachtes Kopfschütteln, sich ständig schützend vor das Kind stellen oder es immer an der Hand halten – es gibt viele nonverbale Kommunikationssignale. Kinder sind extrem aufnahmefähig für solche Verhaltensänderungen. Wird eine offene und selbstbewusste Körperhaltung vorgelebt, nehmen die Kleinen dies ebenfalls wahr. In diesem Zusammenhang ein ganz allgemeiner Tipp: Kommunizieren Sie, wenn es geht, im wahrsten Sinne des Wortes auf Augenhöhe mit Kindern. Knien Sie sich neben die Kinder oder setzen Sie sich auf einen kleinen Stuhl. Dies minimiert das Gefühl, dass Sie buchstäblich von oben herab auf die Kinder einreden.

In der direkten Kommunikation mit dem Kind zählt jedes Wort. Beiläufige Bemerkungen hinterlassen einen bleibenden Eindruck. „Meine kleine schüchterne Maus, sei doch nicht so ein Angsthase." Auch lieb gemeinte Kosenamen wie „schüchternes Häschen" werden von Kindern in einem anderen Kontext wahrgenommen. Wird immer wieder darüber gesprochen, dass Ängste und Schüchternheit ein Teil des Kindes sind, wird dies darin bestärkt.

Gleichzeitig ist die indirekte Kommunikation relevant. Erwachsene neigen dazu, in der Anwesenheit eines Kindes über das Kind zu sprechen. Ob es Eltern sind, die sich miteinander unterhalten oder ein Gespräch zwischen Eltern und Lehrern stattfindet – kann das Kind den Inhalt mithören, wird es diesen für sich verarbeiten. Dies ist ein Problem, das nicht nur schüchterne Kinder betrifft. Jedes Kind, über das in seinem Beisein gesprochen wird, wird durch die gemachten Aussagen beeinflusst.

Der Alltag ist nicht immer planbar

Wenn es in Ihrem Familienalltag immer wieder Situationen gibt, die durch die Schüchternheit Ihres Kindes beeinflusst werden, kann dies für alle sehr belastend sein. Es ist wichtig, eine gute Balance zwischen den Bedürfnissen Ihres Kindes, den Bedürfnissen der anderen Familienmitglieder und Ihren eigenen Bedürfnissen zu finden.

Richten Sie die Planung auf keinen Fall grundlegend nach einer einzelnen Person aus. Unabhängig davon, ob es hier um ein schüchternes Kind geht oder einen bockigen Teenager – eine Familie sollte in Harmonie leben und nicht in eine Richtung nachgeben. Dies bedeutet, dass ab und zu Entscheidungen zu treffen sind, die einzelnen Personen nicht zusagen. Auch hier ist eine anhaltende Kommunikation der beste Weg. Fühlen sich alle Beteiligten angesprochen und gehört, ist eine gemeinsame Lösung zumeist leichter zu finden.

Erlauben Sie es sich außerdem ruhig einmal, einen Fehler zu machen. Gerade bei schüchternen Kindern haben außenstehende Personen gerne etwas zu sagen. Lassen Sie sich nicht einreden, Sie würden etwas falsch machen. Niemand kennt die individuelle Dynamik Ihrer Familie und die damit verbundenen Herausforderungen. Und wenn es dann doch einmal schiefgeht und der geplante Familientag im Desaster endet, wird es beim nächsten Mal einfach besser.

Schüchternheit im familiären Umfeld

Schüchternheit kann in allen Bereichen des Lebens auftauchen. Auch innerhalb der Familie ziehen sich einige Kinder zurück. In der Regel gibt es zwei Formen von Schüchternheit innerhalb einer Familie. Zum einen gibt es viele Kinder, die sich von Anfang an innerhalb des familiären Umfelds zurückziehen. Insbesondere dann, wenn es um Verwandte geht, mit denen es nur unregelmäßige Berührungspunkte gibt. Je größer die Gruppe, umso zurückhaltender verhält sich das Kind. Gleichzeitig ist es möglich, dass schon in sehr frühem Alter Schüchternheit gegenüber bestimmten Einzelpersonen aufgebaut wird.

So kann Ihr Nachwuchs vielleicht ungestört Zeit mit Oma und Opa verbringen, findet aber zu Onkel und Tante keinen Zugang. Andere Kinder entwickeln schlagartig ein schüchternes Verhalten innerhalb der Familie. Personen, die für lange Zeit als Teil des eigenen Umfelds wahrgenommen und akzeptiert wurden, werden plötzlich gemieden.

Sollte Ihr Kind ohne ersichtlichen Grund auf Abstand zur Familie gehen, kann dies viele Ursachen haben. Zumeist sind diese jedoch sehr harmlos. Erneut kommen die verschiedenen Phasen der Entwicklung zum Tragen. Der Rückzug hat in diesem Fall wenig mit den Personen selbst zu tun.

Es geht darum, die neue Entwicklungsphase zu verstehen und zu verarbeiten. Es ist wichtig, genau zu beobachten, in welchem Umfang sich die Schüchternheit ausprägt. Ist die zurückhaltende Art vor allem bei größeren Treffen zu beobachten, ist der Grund zur Sorge geringer. Oft überwinden die Kleinen diese Phase recht schnell, und schon bald ist vergessen, dass sie sich ja eigentlich am liebsten unter dem Tisch verstecken. Im Idealfall gibt es innerhalb der Familientreffen Kinder im gleichen Alter. Das unbeschwerte Spielen der anderen kann dazu führen, dass das zurückgezogene Kind sich ebenfalls entspannt. Sind nur Erwachsene anwesend, ist es wichtig, diese darauf hinzuweisen, dass das Kind ein paar ruhige Minuten braucht. Dies sollten Sie jedoch immer so tun, dass das Kind die entsprechenden Unterhaltungen nicht wahrnimmt, sonst fühlt es sich schnell so an als würde es etwas falsch machen.

Ein ewiges Drängeln und womöglich aufgezwungenes Interagieren mit den Verwandten sollte ebenfalls vermieden werden. Dies baut eine Drucksituation auf, die selten den gewünschten Effekt bringt.

Plötzliche Verhaltensänderung gegenüber Einzelpersonen

Leider ist eine drastische Verhaltensänderung von Kindern wie Erwachsenen nicht immer nur eine harmlose Reaktion. Ein Grund für den abrupten Aufbau von Distanz zu Einzelpersonen kann ein Missbrauchsverhältnis sein. Sowohl körperliche als auch sexuelle und mentale Gewalt können zum Tragen kommen. Pro Jahr untersucht das Strafsystem etwa 14.000 mögliche sexuelle Straftaten an Minderjährigen. 92 % der Opfer sind zwischen 6 und 14 Jahren alt. Sexuelle Übergriffe finden nahezu ausschließlich innerhalb der Familie oder im direkten sozialen Umfeld statt. Rund

25 % der Täter stammen aus dem direkten Familienumfeld. 50 % der Täter sind Teil des alltäglichen Bereichs – Lehrer, Trainer, Nachbar, usw. Mädchen sind bis zu viermal häufiger von sexueller Gewalt betroffen als Jungen. Insgesamt geht man davon aus, dass nur jeder 15. Vorfall gemeldet wird. Davon wird etwa jeder 5. Straffall vor Gericht verhandelt. So kommt es lediglich in rund einem Prozent der Fälle zu einer richterlichen Verhandlung. Die Dunkelziffer der Straftaten wird auf 300.000 pro Jahr geschätzt.

Täter sind in der Lage, sich ihre Opfer sehr gezielt auszusuchen. Sie vergehen sich an Kindern, die ein schüchternes Wesen haben und leicht zu manipulieren sind. Für den Täter bedeutet dies einen zusätzlichen Schutz. Denn die Chancen, dass sich ein schüchternes Kind wehrt oder über die Vorfälle berichtet, sind gering. Dies bedeutet aber nicht, dass nur stille und zurückhaltende Kinder betroffen sind. In einem eigentlich lebensfrohen Kind mit viel Energie ist jedoch eine Verhaltensänderung leichter auszumachen als bei einem Kind, das schon immer ein Einzelgänger war.

Verhaltensänderungen nach sexuellem Missbrauch manifestieren sich nicht ausschließlich in schüchternem Verhalten. Es gibt viele Dinge zu beobachten:

- Schlafstörungen
- Aggressionen
- Bettnässen
- Sprachstörungen
- Sexualisierung von Beziehungen
- Extremes Schamgefühl beim Umziehen
- Essstörungen

Sollte der Verdacht bestehen, dass Ihr Kind sexuell missbraucht wird, gilt es, nicht den Kopf zu verlieren. Suchen

Sie das Gespräch mit Ihrem Kind. Halten Sie Ausschau nach körperlichen Hinweisen wie etwa Hämatomen oder frühzeitiger hormoneller Änderung in Form von Schambehaarung. Setzen Sie Ihr Kind auf keinen Fall unter Druck. Zu schnell glauben die Kinder, dass sie selbst etwas falsch machen würden und ziehen sich weiter zurück.

Suchen Sie sich außerdem Hilfe von erfahrenen Experten. Nutzen Sie bundesweite Hotlines, die Sie in direkten Kontakt mit Sozialarbeitern und Psychologen bringen – diese Hilfeleistungen sind anonym nutzbar. Ziehen Sie keine voreiligen Schlüsse und beginnen sie keinesfalls mit Anschuldigungen. Sind Kinder grundlos in eine solche Situation verwickelt, kann dies ebenfalls sehr belastend sein. Haben Sie jedoch einen Tatverdacht gegen eine bestimmte Person, stellen Sie sicher, dass der Kontakt umgehend unterbunden wird.

Allgemeine Schüchternheit innerhalb der Familie
Häufiger als die abrupte Verhaltensänderung ist eine allgemeine Skepsis gegenüber anderen zu beobachten. Schüchterne Kinder differenzieren nicht immer zwischen Fremden und nahestehenden Personen. Auch Menschen, mit denen sie regelmäßig in Kontakt stehen, können Unbehagen hervorrufen. Die Familiendynamik spielt dabei eine große Rolle. Kommt es regelmäßig zu großen Treffen mit vielen Verwandten, ist die Stimmung häufig sehr ausgelassen. Der persönliche wie direkte Kontakt steht somit oft im Mittelpunkt. Ist ein Kind aber eher schüchtern veranlagt, kann dies überfordernd wirken. Die Kleinen möchten nicht von jedem auf dem Arm genommen werden oder allen ein Küsschen auf die Wange geben. Es gilt, die Wünsche des Kindes zu respektieren.

Aber nicht jede Familie setzt auf ein herzliches Miteinander. Dies kann ebenfalls ein Grund dafür sein, dass Kinder sich innerhalb der Familie zurückziehen. Ist das Familienleben auf die engsten Verwandten begrenzt und diese verhalten sich eher distanziert zueinander, wird der Nachwuchs dieses Verhalten ebenfalls adaptieren.

Da jedoch selbst distanzierte Menschen oft von kleinen Kindern erwarten, dass diese offen und herzlich zu jedem sind, scheint das Verhalten in der Familie als ungewöhnlich.

Um die Schüchternheit eines Kindes in der Familie also richtig einschätzen zu können, sollten Sie unbedingt einen Blick auf die allgemeine Familiendynamik werfen. Es kann sich herausstellen, dass Ihr Kind sich lediglich in den Trott der Familie einfügt.

Schüchterne Kinder in Schule und Kindergarten

Ein weiteres Alltagsproblem ist das Verhalten von schüchternen Kindern im Kindergarten und in der Schule. Bundesweit geht der Trend dazu, Kinder immer früher in die eine oder andere Art der Betreuung zu geben. So befindet sich rund ein Drittel aller Kinder unter drei Jahren bei einer Tagesmutter oder in einer anderen Betreuungseinrichtung. Für Kinder im Alter von drei bis sechs Jahren liegt die Betreuungsquote bei fast 94 %.

Die Gründe dafür sind nahezu ausschließlich darin zu finden, dass Haushalte in Deutschland auf zwei Einkommen angewiesen sind. Sobald die Zahlung von Elterngeld und anderen Übergangszahlungen ausbleiben, muss eine Betreuungsoption für die Kinder gefunden werden. Viele Eltern haben dabei Bedenken darüber, wie sich die Kleinen mit der neuen Situation abfinden werden.

Insbesondere dann, wenn die Kinder schon sehr früh in die Betreuung gehen. Die Tagesbetreuung für Kinder bis zu drei Jahren findet in kleinen Gruppen statt. Tagesmütter übernehmen selten mehr als drei Kinder. Dies entspricht den Vorschlägen von europäischen Experten. Diese geben auch an, dass Kinder nicht vor dem dritten Lebensjahr in einen vollwertigen Kindergarten integriert werden sollten. Denn selbst für fortgeschrittene Kinder kann das Spielen und Lernen in großen Gruppen überfordernd sein.

Kinder, die schon frühzeitig in der Tagesbetreuung regelmäßig mit anderen Kindern in Kontakt kommen, haben es einfacher, den Übergang in den Kindergarten-Alltag zu meistern. Sie sind bereits daran gewöhnt, dass es bestimmte Tagesabläufe gibt. Auch die Interaktion mit anderen ist Teil des Tages. Daher finden sich in dieser Gruppe von Kindern seltener schüchterne Verhaltensweisen. Natürlich ist dies nicht allgemeingültig. Wird ein Kind zum ersten Mal mit einer großen Gruppe von 20 Kindern konfrontiert, kann das trotz vorheriger Betreuung sehr überwältigend sein.

Kinder, die bis zu ihrem dritten Lebensjahr ausschließlich im Elternhaus betreut wurden, neigen eher dazu, eine längere Eingewöhnungsphase im Kindergarten durchzumachen. Ist diese erste Phase aber überwunden, gewöhnen sich die meisten sehr schnell an den neuen Tagesablauf.

Tipp: Um die Kleinen auf die Interaktion mit anderen Kindern vorzubereiten, ist es hilfreich, ab dem zweiten Lebensjahr regelmäßig an diversen Veranstaltungen mit anderen Kindern teilzunehmen. Ob es sich dabei um Kinderturnen, musikalische Früherziehung oder einfach ein Treffen mit

Freunden handelt, ist nicht relevant. Der Kontakt zu einer Gruppe von Gleichaltrigen hilft dem Kind, sich zu orientieren.

Schüchtern im Kindergarten

Geben Sie Ihrem Kind mindestens einen Monat, um sich an die neue Situation im Kindergarten zu gewöhnen. Auf keinen Fall darauf drängen, dass schnell bestimmte Erwartungen erfüllt werden – weder im Kindergarten noch zu Hause. Wird die tägliche Frage danach, was heute im Kindergarten gespielt wurde oder was es zu essen gab, nicht beantwortet, ist das kein Grund zur Sorge. Es ist auch nicht notwendig, dass ein Kind bereits nach wenigen Tagen einen besten Freund gefunden hat. Führen Sie die Kleinen Stück für Stück in die neue Welt ein.

Eine gute Morgenroutine hilft dabei, den Tag entspannt zu beginnen. Möchte das Kind morgens nicht aus dem Bett, weil es Angst hat, in den Kindergarten zu gehen, hilft ein wiederkehrendes Ritual. Bereiten Sie am Abend vorher gemeinsam mit Ihrem Kind Kleidung und Kindergartentasche vor. Fragen Sie nach, was in die Butterbrotdose soll. Dies können Sie bereits beim Einkaufen machen – so hat das Kind das Gefühl, die Situation besser in Kontrolle zu haben.

Planen Sie ausreichend Zeit ein, um den Tag zu beginnen. Möchte der Nachwuchs dann noch zehn Minuten im Bett bleiben, verursacht das keinen Stress. Ein Zahnputzlied, ein schnelles Bad am Morgen oder das ganz besondere Frühstücksglas mit passendem Brettchen können kleine Anreize sein, mit guter Laune den Morgen zu beginnen. Geht dann doch einmal alles drunter und drüber und es bleibt keine Zeit, so geben Sie auf keinen Fall dem Kind die Schuld. Auch wenn es getrödelt hat und deshalb alle zu spät kommen, können die Kleinen das Konzept der Pünktlichkeit nicht einordnen. Sie würden bei Schuldzuweisung lediglich verstehen, dass sie etwas falsch gemacht haben. Und da diese Schuldzuweisung direkt im Zusammenhang mit dem Weg zum Kindergarten steht, kann sich das negativ auf die Grundeinstellung dazu auswirken.

In den ersten Wochen im Kindergarten zeigt sich Schüchternheit vor allem durch das Verhalten gegenüber den Erziehern und den anderen Kindern. Vergeht diese Phase nicht, kann dies den Alltag für alle Beteiligten erschweren. Findet ein schüchternes Kind keinen positiven Bezug zum Kindergartenumfeld, ist dies sehr belastend. Es fühlt sich alleingelassen und versteht nicht, warum es täglich an einen Ort muss, der es unglücklich macht.

Eine solche psychische Belastung kann sich auf diverse Lebensbereiche auswirken. Schlafstörungen, Verdauungsstörungen und sogar Migräneanfälle sind denkbare Folgen. Hinzu kann ein aufmüpfiges Verhalten gegenüber den Eltern und Erziehern kommen. Aggressionen gegenüber anderen Kindern sind ebenfalls denkbar. Sehen Sie sich dieser Situation gegenüber, ist eine enge Zusammenarbeit mit dem Kindergarten wichtig. Eine anhaltende Kommunikation erlaubt es Ihnen, herauszufinden, in welchen Bereichen es besonders häufig zu Problemen kommt. Ist Ihr Kind vor allem am Morgen unruhig oder setzt das unerwünschte Verhalten erst nach einer bestimmten Zeit ein? Vielleicht ist es möglich, einen individuellen Zeitplan für das Bringen und Abholen zu erarbeiten.

Versuchen Sie außerdem, ein Kind zu finden, zu dem im Kindergarten ein gutes Verhältnis besteht. Durch Treffen außerhalb der Betreuungsstätte lässt sich ein intensiveres Verhältnis aufbauen, das sich durchaus positiv auf die Grundeinstellung des Kindes auswirken kann.

Es ist sehr selten, dass die Schüchternheit eines Kindes den Tagesablauf in einem Kindergarten massiv beeinträchtigt. Sollte es jedoch dazu kommen, kann es als Konsequenz nötig sein, dass Sie eine alternative Betreuungsvariante finden müssen. Es gibt unter anderem Tagesmütter, die auf Kinder mit speziellen Bedürfnissen ausgelegt sind. Sie kümmern sich um kleine Gruppen und sind in der Lage, einzelne Kinder genau dort zu unterstützen, wo diese es benötigen.

Darüber hinaus haben sich Kindergärten bewährt, die auf offene Lernmethoden setzen. Waldkindergärten und Lehrmodelle, die künstlerisch ausgelegt sind, bieten schüchternen Kindern einen guten Zugang zur Gruppe.

Schüchtern in der Schule

Die Schule stellt neue und größere Herausforderungen an Kinder als der Kindergarten. Die Umstellung fällt den meisten Erstklässlern nicht sehr schwer. Sie freuen sich darauf, endlich zu den Großen zu gehören und viele tolle Dinge zu lernen. Um in den Alltagstrott der ersten Klasse zu kommen, brauchen Eltern und Kinder dennoch ein paar Wochen Zeit. Denn je nach Tagesplanung müssen nun diverse Dinge berücksichtigt werden. Wer holt das Kind von der Schule ab? Wann ist der Schultag vorüber? Hat der Nachwuchs einen Platz für die Nachmittagsbetreuung? Sind aber all diese Fragen geklärt, finden alle Beteiligten in der Regel schnell ihren Platz im neuen Rhythmus.

Bei einem schüchternen Kind ist dies nicht immer so einfach. Hier muss nicht nur geklärt werden, wer wann und wo zu sein hat – es stellt sich auch die Frage, wie sich das Kind heute verhalten wird. Gibt es wieder einen Weinkrampf, weil es nicht ins Klassenzimmer möchte? Oder hat es bereits am Vorabend Bauschmerzen, weil am nächsten Morgen der Weg zur Schule ansteht? Die Situation ist schnell angespannt.

Eltern erwarten Probleme, bevor der Wecker überhaupt klingelt. Lehrer machen sich Gedanken darüber, wie sie mit dem unglücklichen Kind umgehen sollen. Und das Kind zieht sich überfordert zurück.

Eine Komponente, die sich auf schüchterne Kinder in der Schule besonders auswirkt, ist der plötzliche Leistungsdruck. Im Kindergarten waren die Anforderungen gering. Nun ist es aber relevant, ob man im Unterricht zuhört und lernt. Es kommt von Beginn an zu Leistungsstand-Abfragen. Nach wenigen Tagen werden Hausaufgaben vergeben. Im Unterricht werden Fragen gestellt. Selbst im spielerischen Rahmen gibt es nun andere Erwartungen an die Kinder – das Einhalten von Regeln und das Beenden von Spielrunden zum Beispiel.

Suchen Sie das direkte Gespräch mit Ihrem Kind. Was findet es besonders gut in der Schule? Welche Aufgaben sind langweilig oder überfordernd? Sprechen Sie dabei zuerst die negativen Aspekte an. Werden anschließend positive Punkte benannt, kann sich das Kind darauf konzentrieren. Achten Sie dabei auf die richtige Wortwahl.

„Was findest du denn gar nicht gut in der Schule?" – Dies bestätigt das Kind darin, dass bestimmte Dinge in der Schule nicht gut sind. Besser wäre: „Wofür hast du heute besonders lange gebraucht in der Schule? Gibt es etwas, das du noch üben musst?"

Auch im schulischen Umfeld kommt es extrem selten vor, dass Schüchternheit auf lange Sicht ernsthafte Probleme verursacht. Arbeiten Sie gemeinsam mit Ihrem Kind, und bieten Sie ihm einen Platz zum Wohlfühlen. Es ist absolut in Ordnung, nicht der Sonnenschein jeder Veranstaltung zu sein. Wichtig ist, dass Ihr Nachwuchs nicht mit einem schlechten Gefühl das Haus verlässt. Hat das Kind erst einmal seinen Platz im Schulalltag gefunden, kann es ganz entspannt seinen eigenen Weg gehen.

Kapitel 5:
Was sollte ich auf keinen Fall tun, wenn mein Kind schüchtern ist?

Ob ein Kind tatsächlich unter Schüchternheit leidet oder nicht, wird häufig durch die Eltern entschieden. Dies führt immer wieder dazu, dass diese mit der Situation mehr belastet sind als die Kinder selbst. Bevor Sie sich also Gedanken darüber machen, ob es notwendig ist einzuschreiten, beobachten Sie die Situation ganz genau.

Es gibt viele Kinder, die im täglichen Umgang mit Eltern, Lehrern und Verwandten regelrecht gedrängelt werden. Immer wieder wird darauf aufmerksam gemacht, dass sie irgendetwas anders machen sollen. Es wird konstant darüber gesprochen, dass man die Hand zu geben hat, dass man nicht auf den Boden schauen soll beim Sprechen oder dass es keine gute Idee ist, sich hinter Papas Beinen zu verstecken.

Wird ein Kind anhaltend damit konfrontiert, dass es etwas falsch macht, wirkt sich dies in keiner Weise positiv auf das unerwünschte Verhalten aus. Es bestärkt aber das Gefühl des Kindes, dass etwas nicht richtig ist. Es kommt vermehrt zu Selbstzweifeln, diese wiederum bestärken die Schüchternheit.

Wirkt das Umfeld also anhaltend auf das Kind ein und versucht „Verbesserungen" zu erzwingen, werden schüchterne Verhaltensweisen in der Regel manifestiert. Auch dann, wenn es sich bei der Schüchternheit zu Beginn vor allem um einen einfachen Schutzmechanismus handelte, der mit der Zeit von allein vergangen wäre.

Besonders kritisch ist die äußere Einflussnahme, wenn Kinder aus psychologischen Gründen Schüchternheit an den Tag legen. Denn dann verwandeln sich die Anmerkungen und Belehrungen in belastende Alltagsfallen, denen diese Kinder häufig mit Angst begegnen. Dies wiederum kann die Ausbildung von Phobien und anderen psychischen Störungen begünstigen.

Kinder sind unentwegt den Einflüssen aus der Familie und dem Umfeld ausgesetzt. Sie verarbeiten die erhaltenen Informationen dabei auf ganz individuelle Weise. Um zu verstehen, welche Auswirkungen welches Verhalten auf ein Kind haben kann, ist es wichtig, die verschiedenen Kommunikationswege zu kennen:

- Verbale Kommunikation
- Nonverbale Kommunikation
- Interaktive Kommunikation

Die verbale Kommunikation ist die direkte Ansprache an das Kind. Hier liegt die Art der Kommunikationsweitergabe voll und ganz in der Hand der Erwachsenen. Denn wir sind in der Lage, unsere Worte behutsam und bewusst zu wählen. Wir sind uns häufig nicht im Klaren darüber, welche große Wirkung bereits das einfache Umstellen eines Satzes haben kann.

„Du hast heute schon wieder beim Sprechen auf den Boden geschaut!" Diese Aussage birgt eine indirekte Anschuldigung. „Schon wieder" gibt an, dass es sich um ein regelmäßig auftretendes Fehlverhalten dreht. Es steht sofort eine Anschuldigung im Raum.

„Heute hast du beim Sprechen mit der Nachbarin auf den Boden geschaut." Dies ist eine beobachtende Aussage, die das Kind dabei unterstützen kann, die Situation zu bewerten. Nun hat es die Möglichkeit, diese Aussage als gegeben Fakt hinzunehmen oder darüber nachzudenken, und das ganz ohne Druck und Vorwürfe. Dieser Ansatz gilt natürlich auch in vielen anderen Bereichen des Alltags. „Im Badezimmer brennt noch das Licht." „Die Schuhe liegen im Hausflur." „Du hast heute bei Oma viel Zeit am Telefon verbracht." Die verbale Kommunikation sollte bedacht und respektvoll aufgebaut sein. Nur so dringt die gewünschte Botschaft zum Kind durch.

Nonverbale Kommunikation findet auf vielen Ebenen statt. Besonders wichtig ist dabei die Körpersprache. Sowohl die Körpersprache, die Sie Ihrem Kind entgegenbringen als auch diejenige, die Sie anderen gegenüber zeigen. Viele Bewegungen und Reflexe haben sich im Laufe unseres Lebens manifestiert. Es ist nur schwer, diese bewusst zu kontrollieren oder gar ganz zu ändern. Es hilft daher, sich in bestimmten Situationen darauf zu konzentrieren, wie man sich verhält. Wer seine eigenen Gesten und körperlichen Ausdrücke kennt, kann diese bewusster anwenden.

Für die Kommunikation mit Kindern sind die folgenden Punkte wichtig:

- Während eines Gesprächs Augenkontakt suchen
- Wenn möglich auf gleicher Höhe agieren – besser hinknien als herunterbeugen
- Nicht die Arme verschränken
- Keine drohenden Gesten nutzen – gehobener Zeigefinger, Hände über den Kopf heben

Eine offene Kommunikationshaltung ist auch gegenüber anderen Personen relevant. Kinder sehen die Art und Weise, wie sich einzelne Personen verhalten, und sie neigen dazu, diese nachzuahmen.

Die interaktive Kommunikation konzentriert sich auf das Zusammenspiel der beiden ersten Kommunikationsformen. Zusätzlich sind Bereiche wie die Stimmlage oder die Lautstärke relevant. Auch zu welchem Zeitpunkt das Gespräch gesucht wird, spielt eine Rolle. Wird das Kind direkt an Ort und Stelle mit etwas konfrontiert oder sucht man als Elternteil einen ruhigen Moment, in dem über etwas gesprochen wird?

Neben der eigenen Reaktion auf ein schüchternes Kind kommen aber auch die Reaktionen aus dem Umfeld zum Tragen. Diese lassen sich leider nicht immer kontrollieren. Umso wichtiger ist es daher, hier genau hinzuschauen, um mögliche Probleme schnell zu identifizieren.

Wie reagiert das Umfeld auf schüchterne Kinder?

Der deutsche Kulturraum ist dafür bekannt, sehr direkt zu sein. Unsere Erwartungen an das Umfeld sind in der Regel sehr hoch. Dies zieht sich durch alle sozialen Schichten. Auch Kinder werden bereits mit diesem kulturellen Gedankengut erzogen. Eine direkte und unbeschönigte Kommunikation ist in Deutschland vor allem ein Mittel zum Zweck. Wir setzen auf schnelle Lösungen und hohe Effizienz – ein Wesenszug, der besonders im professionellen Umfeld geschätzt wird. Allerdings ist auch unser Alltag von knappen Ansagen und schneller Kommunikation geprägt. Im internationalen Vergleich gelten wir daher häufig als unfreundlich und forsch.

Was bedeutet dies aber für die tägliche Interaktion mit unserem Umfeld? Dass der direkte Weg nicht immer der beste Weg ist, wird zunehmend auch in Deutschland akzeptiert. Insbesondere die jungen Generationen lösen sich von distanzierten Verhaltensweisen und setzen auf durchdachte Kommunikation. Die kulturelle Grundlage wird damit aber nicht über Nacht abgelöst. Selbst offene und bedacht kommunizierende Menschen haben es noch schwer, eine gute Balance zu finden. Kinder reagieren darauf besonders feinfühlig, denn sie verstehen nicht, warum viele Dinge erwartet werden und warum sie ständig darauf angesprochen werden.

Und genau hier setzt das Feingefühl der Eltern ein. Wenn Sie beobachten, dass der Nachbar, die Lehrerin oder Familienfreunde ganz unverblümt darüber reden, dass Ihr Kind bestimmte „falsche" Verhaltensweisen an den Tag legt, beenden Sie das Gespräch umgehend. Vor allem dann, wenn das Kind direkt angesprochen wird. „Du kannst mich ruhig anschauen, wenn du mit mir sprichst." „Du solltest mir die Hand geben, wenn ich Dir meine entgegenstrecke." „Warum kommst du denn nicht endlich hinter dem Tisch hervor und gibst mir eine Umarmung?" Solche Aussagen sind selten böswillig gemeint, üben aber einen unnötigen Druck auf das Kind aus. Denn auch hier wird immer wieder ausgesagt, dass es etwas falsch macht und sich ändern muss. Besonders sehr schüchterne Kinder, die sich vielen Personen und Gruppen gegenüber distanziert verhalten, müssen immer wieder mit den gleichen Aussagen umgehen.

Ein schnelles Einschreiten ist hier wichtig. Zeigen Sie Ihrem Kind, dass die Situation absolut in Ordnung ist und dass Sie auf seiner Seite stehen. Spielen Sie die Situation nicht herunter: „Sie ist heute nur ein bisschen müde." Wird eine Ausrede erfunden, fühlt es sich so an als sei eine Rechtfertigung angebracht, obwohl dem nicht so ist. „Anna wird unter dem Tisch hervorkommen, wenn sie dazu bereit ist." Solche Aussagen helfen dabei, die eigene Entscheidung als absolut frei zu empfinden. Das Kind kann wählen, was es als Nächstes tun möchte – ganz ohne Druck von anderen.

Als Elternteil können wir nicht immer anwesend sein. Während der Schulzeit, beim Tagesausflug mit Oma und Opa oder beim Besuch bei Freunden – in dieser Zeit kann viel passieren. Um herauszufinden, ob es Momente gibt, die das Kind besonders belasten oder beschäftigen, ist eine Fragestunde selten hilfreich. Kindern im Alter bis etwa sechs Jahren fällt es besonders schwer, reale Begebenheiten auf Abruf zu beschreiben. Die folgenden Techniken dienen dazu, spielerisch Informationen zu erhalten. Setzen Sie diese ein, wenn Sie das Gefühl haben, dass Ihr Kind an diesem Tag etwas Belastendes mitgemacht hat.

Malen und erzählen
Die Kinder haben den Tag mit Oma und Opa im Zoo verbracht. Um zu erfahren, welche tollen Dinge sie dort erlebt haben, ist eine kleine Malstunde genau das Richtige. Setzen Sie sich mit den Kindern zusammen und zeichnen Sie ein Bild vom Zoo auf. Welche Tiere wurden dort gesehen? Gab es einen Hot-Dog-Stand? Wie war das Wetter? Nutzen Sie ein paar Leitfragen, um einen Rahmen für den Bildinhalt zu schaffen. Umso schneller wird das Kunstwerk mit vielen Details ausgeschmückt, die weit über die Fragen hinausgehen. Ist das Bild fertiggestellt, bitten Sie die Kinder, etwas zu der Zeichnung zu erzählen. Sowohl positive als auch negative Ereignisse werden hier vorkommen.

Wichtig: Zweifeln Sie die Aussage Ihres Kindes nicht an. Auch wenn es unglaublich klingt. Kinder neigen zu Übertreibungen und vermischen Realität mit Fantasie. Wird eine unglaubliche Aussage schnell als Unfug abgetan, ziehen sich die Kinder zunehmend zurück. Im Laufe der Zeit werden auch die realen Ereignisse nur noch in Bruchstücken erzählt, da sie Angst haben, dass man ihnen nicht glauben wird. Wenn es also seit Neuestem einen fliegenden Löwen im Zoo gibt, dann schadet es nicht, diese wunderbare Idee zu akzeptieren.

Puppenspielen für die ganze Familie

Puppen sind nicht ohne Grund eines der ältesten Spielzeuge der Welt. Kinder lernen aktiv durch das Spielen mit den geliebten Figuren. Es erlaubt ihnen, sich in eine andere Person zu versetzen und es gibt ihnen die Möglichkeit, die eigenen Gefühle auszudrücken. Nach einem aufregenden Tag gibt es viel zu berichten. Wird der Besuch bei der Freundin mit den Puppen nachgespielt, können Eltern schnell herausfinden, was alles passiert ist. Auch hier ist es nicht notwendig, zu viele Rahmenbedingungen zu schaffen. Kinder entscheiden von allein, welche Personen für die Geschichte relevant sind und welche nicht. Fragen Sie, wen Sie verkörpern sollen und was Sie den ganzen Tag so gemacht haben.

Info: Für diese Art des interaktiven Spielens sind die sogenannten Waldorf-Puppen besonders gut geeignet. Es handelt sich dabei um einfache Puppen, die darauf verzichten, bestimmte Merkmale in den Vordergrund zu stellen. So können die Kinder die Puppen für jede Situation nutzen. Ob es ein Junge oder ein Mädchen sein soll, ein glückliches oder ein trauriges Kind – die einfache Machart der Waldorf-Puppen schränkt die Fantasie der Kleinen in keiner Weise ein. Wenn Sie kreativ sind, lassen sich solche Puppen auch wunderbar selbst herstellen. Ein wunderbares Geschenk für das eigene Kind – eine selbst gemachte Puppe von Mama oder Papa.

Lenkende Erziehung ohne Zwang – wie geht das?

Ein wichtiger Punkt im Umgang mit schüchternen Kindern ist folglich eine zwanglose Interaktion. Wenn aber komplett darauf verzichtet wird, Kinder in eine bestimmte Richtung zu leiten, wie lassen sich dann eventuelle Probleme mit der Schüchternheit beheben?

Haben Sie als Elternteil das Gefühl, dass Ihr Kind stark unter seiner eigenen Zurückhaltung leidet, gibt es verschiedene Wege und Techniken, eine lenkende Erziehung ohne Zwang umzusetzen.

Was bedeutet Zwang in der Erziehung?

Die erste große Revolution der Erziehung gab es in der sogenannten 68er-Bewegung. Damals nahmen es vor allem Eltern der gebildeten Schicht auf sich, nach neuen Erziehungswegen zu suchen. Denn sie hatten nicht vor, ihre Kinder durch die gleichen Torturen zu schicken, die sie selbst erlebt hatten. Feste Schlafenszeiten im Kindergarten, unterdrückte Kreativität, fröhlich sein auf Anordnung. All diese Dinge standen in ihren Augen als ein Wahrzeichen für die Unterdrückung des Ichs. Sie wollten freie und selbstbewusste Menschen erziehen, die nicht dem ewigen Trott des etablierten Mitläufertums anhängen. Immer vor Augen war die Angst, eine Generation zu schaffen, die Ideologien wie dem Faschismus ohne Skepsis folgt. Eine Generation, die nicht hinterfragt, was richtig und was falsch ist, sondern Menschenmassen, die blind folgen und ausführen.

Die damaligen Erziehungskonzepte waren modern und vor allem eines: antiautoritär. Saubere Kleidung und gekämmte Haare gehörten der Vergangenheit an. Das Spielen im Sandkasten und die Erkundung der Natur nahmen schnell einen wichtigen Teil der Erziehungsstrategie in. Auch das Aufzwingen von Lehrplänen wurde verpönt. Freie Reformschulen oder die bekannten Kinderläden erlaubten den Kleinen, nach eigenen Kräften und Ideen zu lernen. Die Kinderläden wurden in den Großstädten von engagierten Eltern geführt. Im Zuge des Wirtschaftswachstums wurden immer mehr Supermärkte eröffnet, und kleine Geschäfte mussten ihre Pforten schließen. Genau hier probierten die Eltern der geistigen Elite ihre neuen Erziehungskonzepte aus, um ein neue, reale und selbstbewusste Generation Erwachsener aufzuziehen. Diese Kinderläden waren nicht staatlich kontrolliert. Häufig schlossen sich mehrere Eltern zusammen, um einen individuellen Lehrplan zu erstellen. Vor allem junge Kinder wurden in den Kinderläden unterrichtet.

Auch wenn es heute keine Kinderläden mehr gibt, finden sich in ganz Europa Reformschulen, die auf alternative Erziehungswege setzen. Bekannte Erziehungstheorien wie jene, die sich vom Laissez-Faire-Konzept ableiten oder die der bekannten Autorin Elise Freinet, werden bis heute angewandt. Waldorfschulen und Konzeptkindergärten sind in allen Ecken des Landes zu finden. Die einzelnen Konzepte setzen auf andere Erziehungsmodelle, haben aber im Grunde eines gemeinsam: Sie alle sind an der Entfaltung des Individuums interessiert. Und um dies umzusetzen, soll möglichst wenig Zwang auf die Kinder ausgeübt werden. Und schon steht wieder die Frage im Raum, was denn genau als Zwang in der Kindererziehung zu definieren ist? Sollen Kinder einfach sich selbst überlassen bleiben? Jede Entscheidung auf eigene Faust treffen? Ganz ohne Lenkung und Hilfestellung? Wer die Fachliteratur genau studiert, wird schnell feststellen, dass es eine Erziehung ganz ohne Leitung auch unter den alternativen Methoden nicht gibt. Immer wieder wird davon gesprochen, wie wichtig es ist, dem Kind ein stabiles Umfeld zu schaffen, in dem es wachsen kann. Dazu gehören zumeist bestimmte Denkmuster und Regeln. So mag die Montessori-Erziehung darauf setzen, dass Kinder ihre individuellen Stärken entdecken und diese besonders fördern, gleichzeitig wird aber ein ganzheitliches Lernkonzept unterstützt, das es überhaupt erst ermöglicht, seine persönlichen Vorlieben zu entdecken.

Selbst zur Zeit der Kinderläden stand für viele der Eltern ein festes soziales Umfeld im Mittelpunkt. Danach brauchen Kinder verlässliche Bezugspersonen, die ihnen unterstützend zur Seite stehen und dabei helfen, Entscheidungen zu treffen. Und genau darauf basiert die Grundlage einer zwanglosen Erziehung, die gleichzeitig lenkend ist.

Unterstützung ist der wichtigste Grundpfeiler
Ob es darum geht, einem schüchternen Kind den Weg in einen unbeschwerten Alltag zu ebnen oder ob die Kinder einfach nur auf die Herausforderungen der Welt vorbereitet werden sollen: Das familiäre und soziale Umfeld spielen eine enorm wichtige Rolle. Fühlt sich ein Kind von den engsten Bezugspersonen nicht akzeptiert oder erst genommen, ist es auf sich allein gestellt. Auch dann, wenn Eltern oder Lehrer zum Beispiel unentwegt bestimmte Verhaltensweisen loben bzw. kritisieren. Denn die Eigenentscheidung wird in diesem Szenario häufig nicht einbezogen. Wird also einfach nur vorgeschrieben, was zu tun und zu lassen ist, erlernt das Kind daraus nicht, wie diese Entscheidungen zu treffen sind.

Dieser vorgelebte Zwang wirkt sich belastend aus und hat zumeist negative Auswirkungen auf das Verhalten.

Daher sollten Kinder frühzeitig als Individuen wahrgenommen und behandelt werden. Der Nachwuchs mag keine Karotten? Dann gibt es keinen Grund, diese in den Essensplan zu zwingen. Der Zweijährige ist gerne im Garten ohne Windel unterwegs? Dann soll er es genießen, solange er noch kann. Diese kleinen Eigenentscheidungen erscheinen für Erwachsene als irrelevant. Für die Kinder bedeutet es aber, dass sie gehört und verstanden werden. Ein wichtiger Schritt, um sich als ein selbstbewusstes Individuum zu etablieren.

Je älter die Kinder werden, umso komplexer fallen die Entscheidungen aus. Möchte der fünfjährige Philip gerne nackt aus dem Haus gehen, ist die Situation plötzlich viel umfangreicher. Wie also in einem solchen Moment reagieren? Auch hier gilt: den Wunsch respektieren und dem Kind das Gefühl geben, dass es gehört wird. Dies bildet die Grundlage dafür, über die Situation zu sprechen. Erklären Sie dem Kind, warum es nicht nackt das Haus verlassen sollte. Sprechen Sie über mögliche Konsequenzen. Die einfache Tatsache, dass hier eine Kommunikation auf Augenhöhe stattfindet, hilft dabei, den Kindern das gewünschte Konzept greifbar zu machen. Ein einfaches Verbot und womöglich ein abfälliges Gelächter würden dem Kind hingegen zeigen, dass es nicht um ihre Person geht, sondern nur um das, was die Eltern möchten.

Wenn also einem schüchternen Kind die Möglichkeit geboten wird, seine zurückhaltende Art ein wenig auszuleben und gleichzeitig ein Gespräch über alternative Wege stattfindet, ist die Erfolgschance sehr gut.

Immer ein Vorbild sein
Dies ist oft leichter gesagt als getan. Denn auch Erwachsene tragen ihre ganz eigenen Dämonen mit sich. Mit gutem Beispiel vorangehen ist daher nicht immer die ultimative Lösung. Vielleicht sind Sie eine Mutter, die ab und zu lauter wird als sie sollte. Oder Sie sind ein Vater, der einfach eine

lange Radtour macht, wenn es daheim zu anstrengend wird. Vielleicht sind Sie auch die Oma, die keine Lust hat, zum 100. Mal eine imaginäre Teetasse zu füllen. Was auch immer es ist, das zwischen Ihnen und dem perfekten Erziehungsstil steht – Sie sind nicht allein! Niemand ist ohne Ecken und Kanten. Jeder hat das eine oder andere Laster zu tragen. Zumeist sind wir uns unserer Fehler sehr bewusst. Und das bietet uns die Chance, es besser zu machen.

Wenn es also zu einer heiklen Situation kommt, dann kann schon einmal alles schief gehen. Wie aber reagiert man am besten, wenn ein paar böse Worte gesagt wurden? Im Folgenden finden Sie ein Beispiel dafür, wie auch die härteren Tage das Familienleben nicht auf Dauer belasten müssen:

Emilie hat im Wohnzimmer den Blumenständer umgeschmissen, Thomas hat in der Küche sämtliche Nudelpakete geöffnet und gleichmäßig auf dem Boden verteilt, gleichzeitig steht der Handwerker zwei Tage zu früh vor der Tür, um den Heißwasserkessel zu reparieren – diese Tage kennen alle Eltern. Hier einen ruhigen Kopf zu bewahren, ist nicht ganz einfach. Und plötzlich bricht es einfach aus einem heraus. Ein paar harsche Worte, vielleicht auch noch ein lauter Schrei, und schon haben sich die Kinder schweigend zurückgezogen. Mama hat zwei Minuten Ruhe und bereut das Ganze umgehend. Bevor irgendetwas geschieht, sollten alle Beteiligten ein wenig Zeit für sich haben. So kann jeder die Situation richtig einschätzen. Als Elternteil sollten Sie anschließend unbedingt das Gespräch suchen. Was ist passiert? War es in Ordnung, die Pasta in der Küche zu verteilen? War es in Ordnung, dass Mama laut geworden ist? Eine Aussprache darüber, wie man sich in der Situation gefühlt hat und was schiefgelaufen ist, hilft zu verstehen, wie dies beim nächsten Mal vermieden werden kann. Eine Entschuldigung von Eltern für das eigene Fehlverhalten ist dabei unheimlich wichtig. Gleichzeitig versprechen, dass man an sich arbeitet und dass das Verhalten auf keinen Fall akzeptabel ist. Ansonsten kann vermittelt werden, dass es kein Problem ist, grobe Fehler zu begehen, solange man sich anschließend entschuldigt.

Zum Glück bilden solche Ausnahmesituationen für die meisten von uns die Ausnahme. Zumeist sind wir in der Lage, auch unter hohem Stress die richtigen Entscheidungen zu treffen und für unsere Kinder stark zu sein. Wenn Sie selbst also offen und freundlich auf andere zugehen, wird Ihr Kind dies registrieren. Lenken Sie das Kind in die gewünschte Richtung, indem Sie das Ergebnis vorleben. Verzichten Sie außerdem unbedingt darauf, das Kind darauf aufmerksam zu machen, dass es gleich in eine unangenehme Situation geraten könnte: „Ich weiß, es ist nicht einfach für dich, morgens in die Schule zu gehen, aber wir schaffen das schon!" Besser: „Heute wirst du einen tollen Tag in der Schule haben, lass uns gemeinsam deine Lehrerin begrüßen!"

Es ist keine Schande, sich in seiner Rolle als erziehungsberechtigte Person überfordert zu fühlen. Wenn Sie merken, dass Sie in bestimmten Momenten immer wieder einbrechen oder es im Allgemeinen zu viel wird, suchen Sie sich rechtzeitig Hilfe. Sprechen Sie mit Ihrem Partner oder mit Freunden. Häufig ist eine andere Perspektive bereits eine gute Hilfestellung. Es gibt darüber hinaus kostenlose, psychologische Beratungsdienste, die Sie auf Wunsch auch anonym aufnehmen. Bleiben Sie stark, Sie sind nicht allein.

Umgang mit anderen Kindern
Ein Bereich, der für schüchterne Kinder besonders belastend sein kann, ist die Interaktion mit Gleichaltrigen. Kinder haben ihre ganz eigenen Umgangsformen und Erwartungen. Ein schüchternes Kind wird selten von Beginn an als solches

wahrgenommen. Besonders junge Kinder machen sich wenig Gedanken darüber, warum jemand nicht mit ihnen spielen möchte. Dies kann dazu führen, dass ein schüchternes Kind innerhalb einer Gruppe schnell ausgegrenzt wird. Dies geschieht zwar nicht mit Intention der anderen, ist aber eine Reaktion auf die Gesamtsituation. Die Kids rennen aneinander vorbei und fragen, ob jemand Verstecken spielen möchte. Wer nicht sofort hinter den nächsten Baum springt, der spielt eben nicht mit. Diese Ausgrenzung ist durch die Kinder selbst wertneutral, kann aber für das schüchterne Kind zu weiteren Problemen führen. Warum wollen die anderen denn nicht mit ihm spielen?

Ab dem Schulalter sind Kinder zunehmend in der Lage, das schüchterne Verhalten eines Kindes korrekt einzuschätzen. Oft, weil sie es aus eigener Erfahrung kennen. Daher finden sich ruhige und zurückhaltende Kinder auf dem Schulhof ebenso zusammen wie es die wilden Rebellen tun. Vor allem unter Mädchen ist übrigens immer wieder zu beobachten, dass ein selbstbewusstes Kind einen Einzelgänger umsorgt. Eine solche Freundschaft kann dabei helfen, das eigene Selbstbewusstsein zu stärken.

Als Elternteil haben Sie nur wenig Einfluss darauf, wie sich Ihr Kind im Kindergarten oder in der Schule verhält. Sie erhalten zwar regelmäßig Feedback von Erziehern und Lehrern, müssen aber darauf vertrauen, dass dies das komplette Verhaltensspektrum widerspiegelt. Um einen Einblick zu bekommen, wie sich Ihr Kind in die Kindergarten- oder Schulgruppe eingefügt hat, bleibt oft nur das genaue Zuhören. Ob etwas ganz Aufregendes und Tolles passiert ist oder ob es zu einer unangenehmen Situation kam – die Kinder berichten früher oder später darüber. Führen Sie eine Unterhaltung darüber, was passiert ist. Geben Sie Tipps, wie zum Beispiel ein Streit zu vermeiden ist oder wie man einem

Freund eine besondere Freude machen kann. Berichten Sie aus Ihrer eigenen Schulzeit. Fragen Sie nach, wie sich Ihr Kind gefühlt hat und was die Situation zum Besseren oder Schlechteren verändern würde.

Vermeiden Sie es am besten, Ihr Kind mit anderen zu vergleichen. Das gilt auch für Geschwisterkinder. Es spielt keine Rolle, ob der ältere Bruder in der ersten Klasse ganz schnell mit vielen Kindern in Kontakt gekommen ist. Ebenso ist es nicht relevant, ob die Nachbarstochter mit vielen Kindern auf dem Spielplatz tobt – es geht niemals darum, was andere anders machen! Schüchterne Kinder finden fast immer in der Art der Selbstwahrnehmung Lösungen für ihre Probleme. Diese zu schärfen und zu definieren, ist daher eine wichtige Aufgabe von Erziehungsberechtigten.

Kapitel 6:
Wie kann ich das Selbstbewusstsein meines Kindes stärken?

Das Thema Selbstbewusstsein ist für schüchterne Kinder besonders relevant. Eine gesunde und gestärkte Selbstwahrnehmung wird bereits im frühen Kindesalter ausgeprägt. Möchten Sie Ihr Kind von Beginn an dabei unterstützen, ein fundiertes Selbstbewusstsein auszuprägen, so gibt es viele Wege, dies zu tun. Welche Methoden für Sie am besten geeignet sind, wird durch viele Faktoren bestimmt. Jede Familie hat eine eigene Dynamik. Sind Sie alleinerziehend? Kümmern Sie sich um Ihre Enkelkinder? Agieren Sie als Pflegeeltern? Wie auch immer Ihre einzigartige Familiensituation ist: finden Sie einen Rhythmus, der zu Ihnen passt. Gut gemeinte Tipps und Ratschläge von anderen können dabei hilfreich sein, müssen aber nicht unbedingt auf Sie und Ihr Kind zutreffen. Also nicht entmutigen lassen, sollten ein paar Versuche, das Selbstbewusstsein Ihres Kindes zu stärken, scheitern.

Wie bereits angesprochen, ist es besonders hilfreich, das Kind von Anfang als einen individuellen Bestandteil in der Familiendynamik zu etablieren. Ein einfacher und nachhaltiger Weg, dies zu tun, sind kleine Rituale. Vom geheimen Handschlag bis hin zum Abendgebet: Es gibt viele Momente, in denen ein Ritual die Bindung der Familie stärken kann. Ein solches Ritual kann ganz und gar auf die eigenen Vorlieben ausgelegt werden. Ob Sie religiös sind, gerne als Familie Zeit in der Natur verbringen oder liebend gern zusammen musizieren: Es gibt viele Möglichkeiten zu entdecken.

„Mit etwas Mut kannst du alles schaffen"

Geben Sie den Kindern eine Plattform, um über schöne Dinge zu sprechen oder sich Unmut von der Seele zu reden. Das gemeinsame Abendessen ist dafür sehr gut geeignet. Aber auch ein Familientreffen, das jeden Samstag vor dem Einkaufen einberufen wird, kann eine Möglichkeit dafür bieten. Versuchen Sie, solche Rituale kontinuierlich durchzuführen. Das bringt nicht nur Stabilität in den Alltag, es hilft auch dabei, einen festen Bezugspunkt für die Kinder zu kreieren.

Die Liste für Übungen und Methoden, das Selbstbewusstsein zu stärken, ist lang. Es gibt unendlich viele Bücher darüber, wie die Kraft von positiven Gedanken und das Überdenken des eigenen Handelns sehr gute Ergebnisse hervorbringen. Leider sind solche komplexen Ansätze nicht immer auf Kinder anwendbar. Im Folgenden finden Sie eine Reihe von Ideen, die sich auch mit jungen Kindern wunderbar umsetzen lassen.

Erfolge feiern

Nutzen Sie für kleine Kinder bis zu einem Alter von sechs Jahren ein visuelles Erfolgsbuch. Jedes Mal, wenn es Ihrem Kind zum Beispiel gelungen ist, ganz ohne zu weinen in den Kindergarten zu gehen, bekommt es einen goldenen Stern oder einen Tiersticker in das Buch. Ist eine bestimmte Anzahl von Stickern erreicht, gibt es eine kleine Überraschung. Das Buch kann auch durch eine Liste an der Wand ersetzt werden. Das Buch kann aber auch unterwegs zum Einsatz kommen. Macht Ihr Kind auf dem Spielplatz Bekanntschaft mit einem neuen Kind, gibt es sofort einen Sticker für die Freundesseite.

Ältere Schulkinder können eigenständig ein Erfolgstagebuch führen. Am besten täglich einen Eintrag verfassen. Ein Belohnungssystem ist nicht mehr unbedingt notwendig. Die

Belohnung liegt darin zu sehen, dass es täglich etwas gibt, auf das Ihr Kind stolz sein kann.

Jeden Tag danke sagen

Neben den eigenen Erfolgen gibt es jeden Tag auch etwas zu entdecken, für das wir dankbar sein können. Eine glückliche Familie, das Spielen mit einer guten Freundin oder die Hilfe der Lieblingslehrerin – alles Dinge, für die man sich bedanken kann. Solche Danksagungen kann man jeden Abend als Familie auf einen Zettel schreiben und in einem Gefäß sammeln. An einem speziellen Tag im Jahr, zum Beispiel Silvester, werden die Zettel dann zum Teil vorgelesen. Diese Methode hilft dabei, sich täglich auf etwas Positives zu konzentrieren, und sie kreiert ein wunderbares Familienritual.

Ziele setzen

„Heute werde ich mich für die Erzählrunde im Kindergarten melden." Ein klares Ziel wie dieses hilft dem Kind dabei, vorbereitet in eine bestimmte Situation zu gehen. Ein solches Ziel kann täglich oder wöchentlich gesteckt werden. Bei der Zielfindung sollten Sie unbedingt mit dem Kind zusammenarbeiten. Was fällt besonders schwer? Was möchte das Kind gern selbst ändern? Was traut sich das Kind zu? Die Ziele auf keinen Fall einfach vorgeben und sie als eine Art Aufgabe erscheinen lassen.

Dies würde unnötigen Druck ausüben. Sie können auch mehrere Ziele aufschr eiben und in ein Gefäß geben. Das Wochenziel wird dann jeden Sonntagabend gezogen.

Ein aufregendes Projekt starten

Ein großes Puzzle, ein selbstgemachtes Freundebuch, ein tolles Wandbild für das Kinderzimmer – suchen Sie schöne Projekte für Ihr Kind, die es nahezu alleine umsetzen kann.

Jedes fertige Projekt wird das Kind darin bestätigen, dass es etwas schaffen und zu Ende bringen kann. Für ältere Kinder darf es auch ruhig etwas aufwendiger sein. Helfen Sie dabei, einen Kinderflohmarkt zu organisieren oder verkaufen Sie selbst gebackene Muffins in der Nachbarschaft. Das eingenommene Geld kann gespendet werden. Eine gemeinnützige Hilfe ist für viele Kinder ein größerer Ansporn als der Kauf eines weiteren Spielzeuges.

Positive Leitsprüche nutzen

Zu lernen, die innere Stimme zu nutzen, ist eine wahre Kunst. Je früher wir damit beginnen, auf uns zu hören, umso besser können wir uns selbst einschätzen und ein individuelles Selbstbewusstsein ausprägen. Wie aber soll das bei jungen Kindern funktionieren? Die Basis bildet auch hier die bedingungslose Liebe der Eltern, die mit einer umfassenden Akzeptanz präsentiert wird. Selbst Babys fühlen sich bei Personen am wohlsten, die ihnen offen und herzlich gegenübertreten. Und hier kann man nicht davon sprechen, dass dieses Verhalten bewusst durch das Baby verstanden wird.

Können Kinder ihre Gefühle verbal kommunizieren, sind sie auch in der Lage, intern mit sich selbst zu kommunizieren. Ein positiver Leitspruch, der sich immer wieder durch ihr Leben zieht, kann daher das Selbstbewusstsein aktiv stärken. Ob er laut ausgesprochen wird oder einfach nur ein Teil des täglichen Lebens ist, spielt dabei keine Rolle. Er muss eine bestimmte Bedeutung für das Kind haben und ein spezielles Gefühl vermitteln. Für kleine Kinder eignen sich einfache Leitsätze:

- Ich bin freundlich!
- Ich helfe gern!
- Ich werde geliebt!

Streuen Sie diese Sätze immer wieder in den Alltag ein. Geben Sie Ihrem Kind zum Abschied vor dem Kindergarten einen Kuss und sagen Sie: „Denk immer daran, du wirst geliebt! Und nun sag du es." Nehmen Sie Ihr Kind völlig grundlos in den Arm und erinnern Sie es daran, wie freundlich es ist. Ganz ohne Erklärung oder Bezug auf eine bestimmte Situation. Je mehr solche Aussagen gehört und verinnerlicht werden, umso mehr Effekt haben sie.

Selbstbewusstsein verlangt kein Lob

Viele Eltern gehen davon aus, dass ein anhaltendes Loben einen positiven Effekt auf das Selbstbewusstsein des Kindes hat. Dabei kann es schnell passieren, dass Kinder auf die ständige Bestätigung der Eltern angewiesen sind. Selbstbewusstes Handeln wird so nicht gestärkt. Richtiges Loben ist also ebenfalls ein Puzzleteil auf dem Weg zu einer selbstbewussten Persönlichkeitsbildung

Macht Ihr Kind Ihnen also eine kleine Überraschung, dann möchte es nicht dafür gelobt werden, dass etwa das Bild so schön geworden ist. Es möchte Sie glücklich machen, und ein großes Dankeschön reicht vollkommen aus. Wird zu jeder Tat ein Lob ausgesprochen, führt das dazu, dass die eigene Leistung nur dann als gut angesehen wird, wenn sie von einer anderen Person anerkannt wird. Dabei sollte ein Kind lernen, auf seine Anstrengungen stolz zu sein, unabhängig davon, was jemand anders zu sagen hat.

Ein Lob muss also genauso durchdacht sein wie Kritik. Übermäßiges Kritisieren hilft weder bei Kindern noch bei Erwachsenen. Kritik sollte daher immer konstruktiv und der Situation angemessen sein. Kinder, die anhaltend auf bestimmte Fehler aufmerksam gemacht werden, neigen dazu, nicht nur die gleichen Fehler zu wiederholen, sondern auch weitere Fehler zu machen. Denn sie verlieren das Vertrauen, etwas richtig machen zu können.

Kritik darf nicht als Strafe empfunden werden. Es muss immer darum gehen, ein Problem anzusprechen und anschließend eine Lösung zu finden. Gleichzeitig muss erklärt werden, warum die Situation überhaupt ein Problem darstellt. Für die richtige Vermittlung von Kritik hat sich ein Konzept besonders bewährt. Es setzt sich aus vier Bereichen zusammen:

- Tatsache benennen
- Gefühle ausdrücken
- Wunsch definieren
- Wertschätzung zeigen

Kommt Erika täglich aus der Schule nach Hause und wirft ihre Tasche mitten in den Flur, könnte eine konstruktive Kritik zum Beispiel so aussehen: „Jeden Tag nach der Schule wirfst du deine Schultasche mitten in den Flur (Tatsache benennen). Ich finde, das ist ziemlich unordentlich (Gefühle ausdrücken). Es wäre schön, wenn du sie in deinem Zimmer neben dem Schreibtisch abstellen könntest (Wunsch definieren). Oder hast du eine andere Idee, wo du die Tasche abstellen kannst (Wertschätzung)?"

Im eigentlichen Sinne kommt es also gar nicht zu einer echten Kritik. Es wird ein Gespräch auf Augenhöhe geführt. Dem Kind wird nicht vermittelt, dass es etwas falsch gemacht hat, sondern dass es eine Alternative geben sollte.

Fehler sind in Ordnung
Kinder werden nicht mit der Überzeugung geboren, dass Fehler etwas Schlechtes sind. Landet es bei den ersten 100

Gehversuchen immer wieder auf dem Popo, hält dies das Kind noch lange nicht davon ab, weiterhin laufen lernen zu wollen. Die Kleinen sehen in einem Fehler die Möglichkeit zu lernen. „Wenn es auf diese Weise nicht klappt, dann muss ich es eben anders versuchen." Erst die Erwachsenen lassen Fehler als ein Problem dastehen. Sie machen Kinder darauf aufmerksam, was falsch gemacht wurde und dass es einen besseren bzw. richtigen Weg gibt. Geschieht dies ununterbrochen, beginnen Kinder Angst davor zu entwickeln, einen Fehler zu machen. Dabei sind diese Fehler wichtig, um zu begreifen, was möglich ist und was nicht. Was funktioniert und was nicht? Hat sich die Angst vor dem Fehlermachen, vor dem Versagen, erst einmal etabliert, ist es schwer, selbstbewusst zu handeln.

Es hilft, als Elternteil die klassische Einteilung in „falsch und richtig" und in „gut und schlecht" zu unterdrücken. Jede Situation sollte individuell bewertet und betrachtet werden.

Kapitel 7:
Welche Sportarten sind für schüchterne Kinder geeignet?

Ein guter Weg, schüchterne Kinder zu unterstützen, ist die Ausübung von sportlichen Aktivitäten. Die Auswahl ist groß. Von Einzelsportarten wie Leichtaltethik bis hin zu Teamsports wie Fußball: Es gibt viel zu entdecken. Aber warum ist Sport förderlich für die Ausbildung des kindlichen Selbstbewusstseins? In welchem Alter sollte man mit dem Sport beginnen? Und gibt es bestimmte Sportarten, die sich besonders gut für diesen Bereich eignen?

Ab wann hilft Sport bei der Persönlichkeitsausbildung?
Im Vergleich zu vielen anderen Ländern werden sportliche Aktivitäten in Deutschland vor allem innerhalb der Familie organisiert. Kindergärten, Grundschulen und weiterführende Schulen bieten nur ein geringes Sportangebot an. Häufig geht es kaum über den klassischen Schulsport und Schwimmunterricht hinaus. In der Regel haben die meisten Schulen lediglich noch ein Fußballteam.

Dies bedeutet, dass Eltern und Kinder den Sport auf die Zeit nach der Schule und auf die Wochenenden verlegen müssen. Und genau hier stehen viele moderne Haushalte vor einem Problem. Berufstätige Eltern oder Alleinerziehende haben es nicht leicht, einen Tagesrhythmus zu planen, der regelmäßig Sport integriert. Auch wenn die meisten Vororte in den urbanen Regionen ein breites Spektrum an Sportarten bieten, sind diese nicht immer einfach zu erreichen. Gleichzeitig werden Trainingseinheiten für jüngere Kinder häufig auf den frühen Nachmittag gelegt.

Umso wichtiger ist es daher, bereits im frühen Kindesalter die gebotenen Möglichkeiten auszuschöpfen. Solange Eltern noch die Zeit haben, zu Hause bei Ihren Kindern zu sein oder in Teilzeit arbeiten können, finden sich leichter Wege, um an diversen Aktivitäten teilzunehmen.

Sport und Bewegung können bereits im Babyalter durchgeführt werden:

- Krabbelgruppen
- Babyschwimmen
- Mama-Baby-Training

Letzteres wird übrigens zunehmend beliebter. Es handelt sich um ein Trainingsprogramm für frisch gebackene Mamas, die gemeinsam mit ihren Babys in der Turnhalle oder in der Natur unterwegs sind. Den Kleinen gefällt die aufregende Abwechslung, und Mama kann sich fit halten.

Krabbelgruppen oder das Babyschwimmen haben schon sehr früh positive Auswirkungen auf die Kinder. Sie erlernen neue motorische wie sensorische Fähigkeiten. Des Weiteren kommen sie regelmäßig mit anderen Babys in Kontakt. Auch für Eltern bieten diese Treffen eine gute Gelegenheit, den neuen Alltag zu meistern. Das Zusammensein und der Austausch mit anderen Mamas und Papas helfen dabei, über mögliche Unsicherheit hinwegzukommen. Und zufriedene, entspannte und glückliche Eltern haben in der Regel auch glückliche und entspannte Babys.

Haben Sie nicht die Möglichkeit oder das Interesse, an regelmäßigen Gruppen teilzunehmen, können Sie sich darauf konzentrieren, viel Zeit mit Ihrem Kind in der Natur zu verbringen. Sobald die ersten Schritte gemacht sind, steht dem Besuch auf dem Spielplatz nichts mehr im Weg. Ein Ausflug in den Wald oder einfach ein Spaziergang durch die Nachbarschaft hilft Ihrem Kind dabei, seine Körperfunktionen besser auszubilden.

Sehen Sie davon ab, Ihr Baby oder Kleinkind unentwegt zu tragen. Vor allem frisch gebackene Eltern neigen dazu, das Baby nahezu den ganzen Tag im Arm zu halten. Dabei brauchen die Kleinen von Anfang an genügend Bewegungsfreiraum. Sobald sie damit beginnen, mit den Armen zu wedeln und die Beinchen in die Luft zu heben, setzt eine aktive Ausbildung der Muskulatur ein. Den Nachwuchs daher ruhig einmal eine halbe Stunde auf den Rücken legen und strampeln lassen. Auch ausreichend Zeit zum Krabbeln und zum Laufen lernen sind wichtig. Wird das Kind anhaltend auf der Hüfte oder gar in einem Tragegurt getragen, kann sich dies negativ auf die körperliche Entwicklung auswirken.

Ab einem Alter von drei Jahren wird das Sportangebot für die Kleinen sehr groß. Eine Vielzahl von Vereinen bietet spezielle Einheiten für die Kleinsten an. Fußball, Schwimmen, Judo oder Tanzen – Sie haben die Qual der Wahl. Nutzen Sie diese Zeit, um herauszufinden, woran Ihr Kind Spaß hat. Seien Sie nicht enttäuscht, wenn es sich nicht für einen bestimmten Sport begeistern kann.

Das kann viele Gründe haben. Zum einen kann sich zu diesem Zeitpunkt bereits eine gewisse Schüchternheit etabliert haben. Dies kann das Kind davon abhalten, sich zum Beispiel in ein Team einzufinden. Zum anderen kann es aber auch sein, dass sportliche Aktivitäten einfach nicht in das Interessengebiet Ihres Kindes fallen. Alternativen wie Musik oder kreative Workshops sind dann eine gute Idee.

"Mit etwas Mut kannst du alles schaffen"

Es ist nie zu spät, mit einer neuen Sportart zu beginnen. Ist Ihr Kind bereits älter, kann es sich noch immer einen Verein suchen, der neue Freunde bringt und den Spaß an der Bewegung weckt. Eine gute Variante sind Sportclubs, die eine Reihe von Sportarten anbieten. Mitglieder haben die Möglichkeit, ganz ungehindert an diversen Trainingseinheiten aus einem breiten Angebot teilzunehmen. Für unentschlossene Kids genau das Richtige. Ist dann eine Sportart gefunden, die besonders viel Spaß macht, wird innerhalb dieser Vereine oft eine spezielle Förderung angeboten. Häufig finden sich auch Angebote, die weit über das einfache Training hinausgehen. Sportfreizeiten, Feriencamps oder organisierte Großturniere sind nur ein paar Beispiele. Ideal also, um einen festen Freundeskreis aufzubauen und sich sozial zu etablieren.

Sollte der Eintritt in einen Sportverein ein finanzielles Problem darstellen, gibt es bundesweit Hilfsangebote für Familien. Wer bereits staatliche Unterstützung erhält, kann die Kosten für den Jahresbeitrag decken lassen. Zum Teil wird auch die Anschaffung von benötigten Sportutensilien und Kleidungsstücken übernommen. Hinzu kommen private Organisationen wie kirchliche Institutionen, die betroffene Familien unterstützen. Es lohnt sich, solche Hilfestellungen anzunehmen, um den Kindern die Möglichkeit einer sportlichen Freizeitgestaltung zu bieten.

Einzelsportarten oder Teamsport

Welche Sportart ein Kind besonders begeistert, hängt vor allem von der eigenen Persönlichkeit ab. Grundsätzlich lassen sich die Sportarten dabei in Teamsport und Einzelsport unterscheiden. Beide Bereiche haben Vor- wie Nachteile zu bieten.

Der Einzelsport hilft dabei, sich auf die eigenen Leistungen und Fähigkeiten zu konzentrieren. Erleben schüchterne Kinder Erfolge innerhalb einer solchen Sportart, stärkt dies das Selbstbewusstsein. Gleichzeitig müssen Einzelsportler erlernen, alleine mit persönlichen Niederlagen umzugehen. Dies stellt einen weiteren Aspekt dar, der für die Ausbildung eines gesunden Selbstbewusstseins relevant ist.

Sehr schüchterne Kinder fühlen sich in diesem Bereich zu Beginn wohler als in einem Team. Denn hier ist die Interaktion mit anderen Kindern recht gering. Dennoch müssen sie ihre Zurückhaltung überwinden und mit Trainern oder anderen Sportlern kommunizieren und arbeiten. Eine schrittweise Einführung in das Vereinsleben ist ein guter Start in das neue Umfeld. Wichtig ist, das Kind nicht zu überfordern. Wenn es in den ersten Stunden noch darauf beharrt, dass jemand beim Training bleibt und zuschaut, sollte man das respektieren. Bei besonders schwierigen Fällen sollte mit den Trainern Rücksprache gehalten und die Situation erklärt werden.

Teamsport wie Fußball und Co. sind bei den meisten Kindern sehr beliebt. Sie können gemeinsam toben und spielen. Für ein schüchternes Kind kann es jedoch schnell belastend werden. Die ständige Interaktion während des Spiels und während des Trainings kann einschüchternd wirken. Sowohl die Trainer als auch die Mitspieler überfordern dann die Kleinen.

Der Einstieg in einen Teamsport sollte daher mit Bedacht gewählt sein. Viele Kurse sind während der kurzen Ferienzeiten im Winter oder Herbst nicht voll besetzt. Ein guter Zeitpunkt, um mit einem kleinen Team die ersten Trainingserfahrungen zu machen. Hat sich das Kind erst einmal daran gewöhnt, mit anderen Kindern zu interagieren, kann es den Sport genießen. Ein guter Verein legt Wert auf die Entfaltung der individuellen Leistungen und den Zusammenhalt der Gruppe. Hohe Leistungsanforderungen sollten nicht im Mittelpunkt stehen. Gleichzeitig sollten Disziplin, Selbstbeherrschung und Fairness vermittelt werden.

Leider finden sich vor allem bei klassischen Sportarten wie Fußball häufig sehr leistungsorientierte Eltern und Trainer. Wo dies für die einige Kinder der richtige Ansporn sein mag, sich innerhalb des Sports zu entfalten, sind schüchterne Kinder hier schlecht aufgehoben. Sie gehen schnell im hohen Konkurrenzkampf unter und fühlen sich nicht als Teil des Teams. Das Erlangen einer selbstbewussten Haltung ist somit kaum möglich.

Sehen Sie sich daher das Training ein paar Mal an und treffen Sie gemeinsam mit Ihrem Kind eine Entscheidung darüber, ob dieser Sportverein die richtige Wahl ist.

Die Vorteile diverser Sportarten für verschiedene Persönlichkeitstypen

Welche Sportart ist nun also die richtige für Ihr Kind? Die Auswahl ist enorm. Im Folgenden sind einige Sportarten im Detail beschreiben. Behalten Sie bei der Wahl eines Sports für Ihr Kind immer im Auge, dass es nicht um Ihre persönlichen Vorlieben geht. Beziehen Sie das Kind aktiv in die Entscheidung über die Freizeitgestaltung ein. Selbst sehr junge Kinder wissen schon sehr genau, wo sie sich wohlfühlen und wo nicht.

Fußball für Jungen und Mädchen – ein beliebter Klassiker

Wer an einen Mannschaftsport denkt, der hat sofort Fußball im Sinn. Ob in urbanen Regionen oder auf dem Land – ein Fußballverein ist nie weit entfernt. Häufig werden die Sportplätze an Schulen auch durch den heimischen Fußballverein genutzt. Ideal, wenn der Weg zum Nachmittagssport möglichst einfach gestaltet sein soll.

In den vergangenen Jahren hat sich der klassische Stereotyp, dass Fußball ein Jungensport ist, klar gewandelt. Im ganzen Land wächst die Zahl der aktiven Mädchen in Fußballvereinen. Auch gemischte Mannschaften sind immer häufiger zu sehen.

Als Teamsport konzentriert sich das Training auf die Mannschaft als Ganze. Nur zusammen kann man Erfolge feiern. Nur wenn man gemeinsam das gleiche Ziel verfolgt, lassen sich gute Leistungen bringen. Genau dieser Fokus ist es, der schüchterne Kinder darin unterstützen kann, ein gesundes Selbstwertgefühl zu erzielen.

Ist Ihr Kind eigentlich ein aktiver Mensch, der viel unterwegs ist, sich aber in der Gruppe leicht zurückzieht, ist Fußball eine sehr gute Wahl. Denn obwohl es auch darum geht, Einzelleistungen zu bringen, steht man zu keinem Zeitpunkt alleine im Rampenlicht. Der Sport kann zudem bereits ab einem Alter von vier Jahren ausgeführt werden.

Beim Turnen ein neues Körpergefühl entwickeln

Unsere Körpersprache verrät viel darüber, wie wir uns fühlen und selbst wahrnehmen. Eine schlechte Körperhaltung ist bei schüchternen Kindern weit verbreitet. Sie laufen mit gesenktem Kopf und lassen die Schultern hängen. Auf den ersten Blick ist zu erkennen, dass sie sich unwohl fühlen. Auch wenn sich andere Kinder dessen nicht bewusst sind, reagieren sie entsprechend darauf.

Das zurückhaltende Kind wird schnell im Spiel übergangen oder muss sich auch der einen oder anderen Hänselei ausgesetzt sehen. Ein gutes Körpergefühl ist daher wichtig, um aus diesem Kreislauf auszubrechen. Wer körperlich angespannt ist und immer versucht, sich unsichtbar in eine Ecke zu drängen, der nimmt sich selbst nicht als starkes Individuum wahr. Sportarten wie das Turnen oder die Teilnahme an einem Gymnastikkurs sind daher sehr gut für extrem introvertierte Kinder geeignet.

Zum einen erlernen die Kinder, ihren eigenen Körper bewusst wahrzunehmen. Die motorischen Fähigkeiten werden verbessert. Bewusste Bewegungen werden geübt und man erlernt, wozu man fähig ist. Dies geschieht ohne direkten Konkurrenzdruck. Auch wenn Turnen in der Regel im Gruppentraining stattfindet, geht es nicht darum, gegen andere anzutreten. Die eigene Leistung auf Basis der individuellen Fähigkeiten steht im Mittelpunkt. So erlernen die Kinder ohne Druck ein neues Selbstwertgefühl, das sich auch auf das Auftreten im Alltag positiv auswirken kann.

Gymnastik und Turnen wird für Kleinkinder in Elternkursen angeboten. Darüber hinaus bieten die meisten Vereine Training für Kinder ab drei Jahren an.

Leichtathletik – die eigenen Grenzen kennenlernen
Der Bereich der Leichtathletik hat für jeden Geschmack etwas zu bieten. Denn hier gibt es nicht nur Laufen und Drei-

sprung zu entdecken. Vom Stabhochsprung über den Hürdenlauf bis hin zum Kugelstoßen: Das Spektrum ist sehr breit. Ideal für Kinder, die sich noch nicht auf eine bestimmte Sportart festlegen möchten. Ein klarer Vorteil der Leichtathletik ist das Erringen von Einzelerfolgen. Kinder können Rennen gewinnen oder individuelle Bestmarken stetig verbessern. Dieses Konzept birgt allerdings auch die Gefahr, dass sich die Kleinen mit anderen vergleichen. Dies kann dazu führen, dass das Selbstbewusstsein auf eine harte Probe gestellt wird.

Zeigt Ihr Kind schüchterne Grundzüge und Sie suchen einen Sport, der diese sozusagen frühzeitig eindämmt, ist Leichtathletik eine gute Wahl. Die individuelle Entfaltung innerhalb dieses Sports ist leicht möglich. Auch hier bieten die meisten Vereine Trainingseinheiten bereits für Kinder ab vier Jahren an.

Karate, Judo und andere Kampfsportarten
Auch wenn der Begriff Kampfsport im ersten Moment abschreckend sein mag, bietet dieser Sportbereich viele Möglichkeiten für schüchterne Kinder, sich zu entfalten. Denn hier stehen vor allem die folgenden Konzepte im Mittelpunkt:

- Disziplin
- Koordination
- Selbstverteidigung
- Selbstbewusstsein

Insbesondere die asiatischen Kampfsportarten konzentrieren sich darauf, Körper und Geist in Einklang zu bringen. Die individuelle Leistung wird mit einem durchdachten Training von körperlichen und geistigen Fähigkeiten optimiert. Schon die Anfängergruppen für Kinder ab drei Jahren erlernen, dass der Schlüssel zum Erfolg in der Konzentration liegt.

Dies bringt die Kinder dazu, ihre innere Stärke zu erkennen und schätzen zu wissen. Die dazu erlernten Kampf- und Verteidigungstechniken runden das ganze sportlich ab. Judo ist zum Beispiel ein reiner Verteidigungssport. Selbst Kinder, die von sehr kleiner und schmaler Statur sind, können hier lernen, diese erfolgreich einzusetzen. Dies ist ein weiterer Grund, warum sich vor allem schüchterne Kinder in diesem Sportbereich schnell sehr wohl fühlen.

Tanzen als Ausdruck der Seele
Beim Tanzen steht es im Vordergrund, sich ausdrücken zu können. Es geht nicht darum, dass jeder Schritt perfekt ausgeführt wird – es geht vielmehr darum, den eigenen Rhythmus zu finden. Dies unterstützt ein individuelles Körpergefühl, das dabei hilft, eine selbstbewusste Eigenwahrnehmung zu erlagen.

Auf den ersten Blick scheint das Tanzen daher ein Sport für Kinder zu sein, die bereits in der Lage sind, sich gut auszudrücken und ihre Gefühle zu vermitteln. Dabei ist häufig zu beobachten, dass schüchterne Kinder in der Musik eine Art Zufluchtsort finden. Sie sind fähig, sich durch die Bewegungen auszudrücken, ohne sich durch andere verurteilt zu fühlen.

Auch beim Tanzen gibt es viele Optionen zu entdecken:
- Ballett
- Hip-Hop
- Modern Dance
- Standardtanz
- Und vieles mehr

Die meisten Tanzkurse werden für Jungen und Mädchen ab drei Jahren angeboten. Eine günstige Alternative zu klassischen Tanzschulen sind übrigens Karnevalsvereine. Hier werden neben dem speziellen Gardetanz auch Showtanzgruppen angeboten. Diese treten dann sogar während der Karnevalsaison auf Veranstaltungen aller Art auf.

Schwimmen, Wasserball & Co.
Wassersportarten sind bereits bei sehr jungen Kindern äußerst beliebt. Es gibt kaum ein Kind, das es nicht genießt, im Wasser zu plantschen. Wenn die Kleinen bereits früh damit anfangen, sich an das Wasser zu gewöhnen, haben sie später oft Interesse daran, weiterhin einem Wassersport nachzugehen. Auch hier gibt es viele Optionen zu entdecken. Vom klassischen Streckenschwimmen über Wasserball bis hin zu Turmspringen und Wasserballett.

Das Trainieren im Wasser fördert die motorischen Fähigkeiten und hilft dabei, ein sicheres Körpergefühl zu erhalten. Dies sind wichtige Grundlagen, um ein starkes Selbstbewusstsein zu erlangen. Da es sowohl die Option für Teamsportarten als auch Einzelsportarten gibt, lässt sich dieser Sport an die individuellen Ansprüche des Kindes anpassen.

Für etwas ältere Kinder ab ca. acht Jahren bietet sich die Arbeit mit der DLRG (Deutsche Lebens-Rettungs-Gesellschaft e.V) an. Hier wird nicht nur das Schwimmen erlernt. Es geht darum, Teil einer wichtigen Aufgabe zu sein und einem Team anzugehören, das gemeinsam ein Ziel verfolgt.

Kapitel 8:
Wie kann ich ein positives Vorbild für mein Kind sein?

Erziehungsberechtigte haben immer eine Vorbildfunktion. Ob Eltern, Großeltern oder Lehrkräfte – Kinder schauen sich Verhaltensweisen von den Erwachsenen ab. Daher ist es wichtig, im Umgang mit Kindern auf die eigenen Aktionen und Reaktionen zu achten. Um dies tun zu können, ist es erneut relevant, dass man sich darüber im Klaren ist, wie man sich verhält.

Das Verhalten sollte auf allen Kommunikationsebenen richtig eingeschätzt werden. Wie verlaufen verbale und nonverbale Kommunikation? In welchen Situationen ändert sich das Kommunikationsverhalten? Gibt es Dinge, die sich leicht kontrollieren lassen und solche, die ganz automatisch erfolgen?

Wenn Sie sich in Ruhe mit dem Thema beschäftigt haben, werden Sie schnell feststellen, dass es viele Bereiche gibt, in denen Sie ohne Frage besser oder anders reagieren können. Aber es geht hier nicht darum, perfekt zu sein, denn das ist nun einmal niemand. Wichtig ist, dass besonders gravierende Probleme erkannt und adressiert werden. Haben Sie vielleicht eine kurze Geduldsspanne und werden schneller ungehalten als es Ihnen lieb ist? Oder nutzen Sie eine aggressive Sprache gegenüber Erwachsenen und Kindern? Dann versuchen Sie, daran zu arbeiten. Suchen Sie das Gespräch zu Freunden und in der Familie. Bei besonders tiefsitzenden Problemen ist auch die Hilfe von Sozialarbeitern oder Psychologen eine Option. Machen Sie sich auf keinen

Fall Vorwürfe und versuchen Sie nicht, mögliche Probleme unter den Teppich zu kehren. Es gibt nur wenige Umstände, die sich nicht zum Positiven wenden lassen. Auch das Elternsein ist ein anhaltender Lernprozess, der manchmal mit Rückschlägen verbunden ist.

Im Folgenden finden Sie ein paar klassische Beispiele dafür, wie Sie im Alltag mit bestimmten Situationen umgehen können. Denken Sie jedoch daran, dass Sie und Ihre Kinder eine einzigartige Dynamik haben. Nicht jeder gute Rat lässt sich daher eins zu eins umsetzen.

Schuldgefühle vermeiden
Es ist Sonntagmorgen und die ganze Familie hat ein entspanntes Frühstück genossen. Nun geht es an die Tagesplanung. Das Wetter ist gut, und die Eltern schlagen einen Ausflug in den Zoo vor. Alle sind begeistert – bis auf Tina. Denn sie kann sich noch genau daran erinnern, wie der letzte Besuch im Zoo verlaufen ist. Das Wetter war ebenfalls gut, und der Zoo war überfüllt. Sie hat sich schon auf dem Parkplatz unwohl gefühlt. An der Kasse gab es eine lange Schlange, und von allen Seiten drängten sich fremde Menschen an ihr vorbei. Vor dem Eingang wollte ihr der große Clown mit den bunten Schuhen einen Luftballon schenken. Sie wollte ihn aber nicht, sie wollte einfach nur nach Hause.

Ihr Bruder Max war da ganz anders. Er hat gleich zwei Luftballons an sich genommen, falls Tina es sich doch noch anders überlegt. Und kaum im Zoo angekommen, fand er sofort einen Weg, ganz vorne an jedem Gehege zu stehen. Insbesondere bei den Tierfütterungen hatte er richtig Spaß. Tina klammerte sich an Papas Hand. Sie wollte nicht so nah bei den anderen Leuten stehen. Sie wollte auch nicht auf den großen Abenteuerspielplatz oder mit dem Zoowärter mitgehen, der ihr den Streichelzoo zeigen wollte. Und schnell war ihre Laune ganz mies. Sie begann zu trödeln und bei jeder Gelegenheit nach der Toilette zu fragen – da war es wenigstens kurz ruhig. Zum Glück waren sie beim letzten Zoobesuch erst am späten Nachmittag losgefahren und mussten nach zwei Stunden wieder gehen, da der Tierpark dann seine Tore schloss.

Aber heute ist es noch früh am Tag. Das könnte alles ganz schön lange dauern! Sie lässt sich nichts anmerken und versucht, stark zu sein. Aber keine Stunde im Zoo unterwegs, beginnt sie unruhig zu werden. Heute ist es sogar noch schlimmer als beim letzten Mal. Sie will unbedingt nach Hause. Sie sagt, sie hätte Bauschmerzen und müsste sofort auf die Couch. Also fährt Mama schon einmal mit ihr vor. Und schnell wird Mama klar, dass es Tina eigentlich gar nicht so schlecht geht.

Eine Geschichte wie diese kann sich in vielen Varianten abspielen. Wie verhält man sich als Elternteil richtig? Was, wenn die ganze Familie einen Ausflug absagen muss, weil ein Kind es einfach nicht über sich bringt, den Tag unter Fremden zu verbringen? Was, wenn die schlechte Laune des schüchternen Kindes allen anderen den Tag verdirbt?

Zuerst sollte der Grund für das Verhalten korrekt identifiziert werden. Handelt es sich um die Reaktion eines schüchternen Kindes? Oder testet es seine Grenzen aus? Vielleicht liegt der Grund auch ganz woanders, wie etwa bei einem schlimmen Streit in der Schule. Egal was der Hintergrund ist: auf keinen Fall sollten Sie Schuldgefühle vermitteln! „Deinetwegen muss heute die ganze Familie auf einen tollen Tag im Zoo verzichten!" „Wenn du dich nicht immer so anstellen würdest, hätten wir richtig viel Spaß haben können!" Solche und ähnliche Sätze sind belastend, denn sie bieten keine Lösung, sondern lediglich eine Anklage. Besonders junge Kinder im Vorschulalter können reine Vorwürfe nur schwer begreifen.

Suchen Sie das Gespräch und zeigen Sie auf, wie sich die Situation auf das Kind und den Rest der Familie ausgewirkt hat: „Heute hast du dich im Zoo nicht wohlgefühlt, daher bin ich früher mit dir nach Hause gefahren. Es ist sehr schade, dass du mit Papa und Max nicht zur Fütterung der Pinguine gehen konntest. Vielleicht gehen wir beim nächsten Mal in einen kleineren Zoo oder verbringen etwas mehr Zeit im Reptilienhaus – da war es nicht so voll. Und du kannst tolle Dinge über die Tiere lernen. So können wir alle gemeinsam einen schönen Tag verbringen und jeder hat Spaß dabei."

Keine Wunder erwarten – dem Kind Zeit lassen
Seit dem Umzug in eine neue Stadt verhält sich Erik sehr zurückhaltend. Die neue Umgebung macht ihm sichtlich zu schaffen. Die Kinder in der neuen Klasse sind zwar nett, aber zum Spielen möchte er sich nicht mit ihnen treffen. Auch die Nachbarn grüßt er nur flüchtig und mit gebeugtem Kopf. Und wo er sich früher über ein großes Stück Fleischwurst beim Metzger gefreut hat, lehnt er heute schweigend ab. Er hat keine Lust auf einen Fußballverein. Der Spaziergang im Park ist ebenfalls nicht so richtig sein Ding – obwohl es dort einen riesigen Weltraum-Spielplatz gibt, mit Raketen und einer steilen Kletterwand. Der Umzug ist schon knapp drei Monate her. So langsam sollte sich doch etwas ändern. Warum weigert sich Erik, einen neuen Anfang zu machen?

Eine Situation wie diese ist für Eltern und Kinder gleichermaßen belastend. Niemand weiß so recht, in welche Richtung es gehen soll. Weigert sich das Kind, sich in der neuen Umgebung einzuleben, wissen Eltern schnell nicht weiter. Anfängliche Unterstützung und die Suche nach Lösungen schlagen schnell in Frustration um. Dies ist nicht unverständlich, aber eine gefährliche Beigabe zur dieser ohnehin bereits verzwickten Mischung. Auch hier können es die kleinen, beiläufigen Anmerkungen sein, die besonders großen Einfluss auf das Selbstwertgefühl des Kindes haben. „Hast du immer noch niemanden gefunden, mit dem du mal nach der Schule spielen willst?" „Warum sitzt du denn schon wieder allein zu Hause und gehst nicht in den Park spielen?" Selbst die besten Intentionen gehen bei einer solchen Wortwahl verloren. Dem Kind wird suggeriert, dass es nicht in der Lage ist, den Vorstellungen der Eltern gerecht zu werden. Es muss also irgendetwas falsch machen. Ein schlechter Start, um einen neuen Anfang zu wagen.

Wie also mit dem Kind kommunizieren? Und ab wann gibt es eigentlich einen Grund zur Sorge? Sollten drei Monate nicht lang genug sein, um sich in die neue Situation einzufinden? Der Fokus muss auf dem Individuum liegen. Nicht jedes Kind ist gleich und reagiert gleich. Die einen stellen sich neuen Situationen ohne Probleme und machen einfach dort weiter, wo sie zuvor aufgehört haben. Andere tasten sich langsam voran und brauchen ein paar Wochen, um Anschluss zu finden. Wieder andere haben starke Mühe und sind selbst nach sechs Monaten noch nicht vollkommen mit den anderen Umständen im Einklang. Die anfängliche Hilfestellung durch Eltern sollte vor allem darin bestehen, dass schnell ein neuer Rhythmus gefunden wird, in dem das Kind einen festen Halt hat. Das gemeinsame Aufstehen oder das Abendessen im Kreis der Familie bilden dafür einen guten Rahmen. Altbewährte Familienrituale sollten nicht vernachlässigt werden. Hobbys wie Tanzen oder Klavierspielen sollten am besten ohne lange zeitliche Lücken für das Kind zugänglich gemacht werden. Diese feste Struktur ist der erste Schritt.

Erinnern Sie Ihr Kind in Gesprächen nicht daran, was noch nicht geschehen ist oder was noch erwartet wird, sondern heben Sie stets die positiven Aspekte der Situation hervor. „Wie findest du dein neues Zimmer? Es viel größer als das Alte. Und du kannst uns dabei helfen, es so einzurichten, wie du es gerne magst." „Hast du schon gesehen, dass im Park hinter dem Haus ein toller Spielplatz ist? Die Nachbarskinder gehen dort sehr gerne hin." Es geht also zu keinem Zeitpunkt darum, bestimmte Dinge nach einem festen Zeitplan zu erreichen. Das übt unnötig Druck auf Kinder aus. Auch bei älteren Kindern, die bereits in einer weiterführenden Schule sind, ist es möglich, dass sie ihre Zeit brauchen, bis sie sich mit den neuen Gegebenheiten abgefunden haben.

Läuft es also mal nicht so schnell mit einer Verhaltensänderung wie gewünscht, machen Sie sich keine Sorgen. Eine anhaltende Unterstützung ist das Wichtigste. Erst wenn Sie eine drastische Verschlechterung der Situation wahrnehmen, sollten Sie darüber nachdenken, zum Beispiel das Gespräch mit einem Experten zu suchen.

Belehrungen vermeiden
Im Kindergarten hat Tristan viel gespielt. Er hat es gemocht, mit seiner Erzieherin bunte Bilder zu malen und schöne Sachen aus Holz zu basteln. Am Nachmittag konnte er auf den Spielplatz. Gemeinsam mit seiner besten Freundin Lina hat er sich dann in den großen Büschen versteckt und eine Schlammsuppe für die Kaninchen dort gekocht. Wenn Mama ihn dann endlich abgeholt hat, hat die Erzieherin ihn immer gelobt. Abends hat er Papa alles genau erzählt und freute sich schon darauf, am nächsten Tag neue Abenteuer mit Lina zu erleben.

Seit er in der Schule ist, findet er es aber gar nicht mehr toll, jeden Tag dort hingehen zu müssen. Denn hier ist alles ganz anders. Er muss immer auf demselben Stuhl sitzen, und die Pausen sind furchtbar kurz. Es gibt keine Hecke mit Hasen – und das Schlimmste ist, dass Lina auf eine ganz andere Schule geht als er. Eine Sache stört ihn aber ganz besonders: die Hausaufgaben und das ewige Melden im Unterricht. Immer möchte irgendjemand eine Antwort auf irgendwelche Fragen. Mit Mama oder Papa soll er sogar zu Hause arbeiten. Malen und schreiben und ankreuzen – das mag er einfach nicht.

Also hat er jeden Morgen schlechte Laune. Er mag nicht aus dem Bett aufstehen und in die Schule gehen. Dort ist es sowieso nicht lustig. Freunde hat er da auch keine. In der Pause geht er allein spielen. Die anderen Kinder kennen sich ja schon. Er kennt aber niemanden. Und wenn er dann bei Mama am Tisch sitzt, um mal wieder irgendwelche Aufgaben zu lösen, dann hört er einfach nicht zu. So macht er das in der Schule auch.

Schüchterne Kinder haben es zum Schulstart besonders schwer. Es fällt ihnen schwer, sich in die neue Umgebung einzugewöhnen und die neuen Herausforderungen zu meistern. In den ersten Wochen haben die meisten Eltern noch Verständnis. Auch das Lehrpersonal kennt diese Art Kinder und zeigt sich gelassen. Leider kann sich diese Einstellung schnell ändern. Spätestens, wenn die ersten vier bis sechs Wochen der Eingewöhnungsphase im Unterricht vorbei sind, erwarten die Lehrer motivierte Kinder, die sich in den Schulalltag eingelebt haben.

An dieser Stelle ein wichtiger Punkt: Lehrer haben nicht immer recht! Wenn Sie als Elternteil das Gefühl haben, dass die

Erwartungshaltung eines Lehrers unangemessen ist, suchen Sie unbedingt das Gespräch. Nicht selten handelt es sich um Missverständnisse zwischen Eltern und Lehrern. Natürlich ist zu bedenken, dass Ihr Kind nicht das einzige in der Klasse ist und keine Sonderbehandlung möglich ist. Gleichzeitig ist es nicht unbedingt notwendig, ein Kind unnötig unter Druck zu setzen, wenn es ein paar Startschwierigkeiten hat. Unabhängig von der individuellen Situation sollten Sie es vermeiden, dem Kind mit Belehrungen den Weg weisen zu wollen. „Wenn du in der Schule gut sein willst, dann musst du auch die Hausaufgaben ordentlich machen." „Die anderen Mitschüler können es doch auch lösen, also ist die Aufgabe nicht zu schwer für dich." Auch hier darauf achten, die positiven Aspekte hervorzuheben. In der Regel sind es kleine Erfolgserlebnisse, die dabei helfen, Spaß am Lernen zu finden. Dies erleichtert es dem Kind, einen Zugang zum Schulalltag zu finden.

Immer mit Spaß bei der Sache bleiben
Eltern, Großeltern, Geschwister – das gemeinsame Aufwachsen und das Erleben von neuen Dingen ist für eine Familie etwas ganz Besonderes. Jede Familie sieht sich dabei ihren ganz eigenen Problemen gegenüber. Ob es sich um ein schüchternes Kind handelt oder um einen kleinen Wildfang, der kaum zu bändigen ist: Gemeinsam lässt sich ein Weg finden! Eltern wird heute leider zu häufig suggeriert, dass sie perfekt sein müssen. Eltern sollten in jeder Situation korrekt handeln und von der Ernährung bis zum pädagogisch richtigen Spielzeug nur top-informierte Entscheidungen treffen. Diese Last führt zunehmend dazu, dass das Elternsein mit hohem Druck verbunden ist. Dabei geht es nicht darum, perfekt zu sein. Es geht auch nicht darum, elitäre Wunderkinder zu erziehen, die schon im Alter von drei Jahren ihren Namen schreiben können. Die Freude an der Familie muss immer im Mittelpunkt stehen.

Glückliche Eltern erziehen glückliche Kinder, die eines Tages zu zufriedenen Menschen heranwachsen können. Welchen Herausforderungen Sie auch gegenüberstehen: Lassen Sie sich nicht einreden, dass Sie etwas falsch machen. Hören Sie auf Ihr Bauchgefühl. Treffen Sie Entscheidungen, die für Sie und vor allem für Ihr Kind richtig sind. Und wenn einmal etwas daneben geht, dann haben Sie immer die Chance, danach einen neuen Kurs einzuschlagen. Suchen Sie jeden Tag nach den positiven Dingen im familiären Umfeld und genießen Sie diese Augenblicke gemeinsam. Wenn Sie mit Spaß bei der Sache bleiben, werden auch Ihre Kinder von dieser positiven Grundeinstellung profitieren. Und wenn es einmal gar nicht anders geht, dann suchen Sie sich eine Schulter zum Weinen – denn jeder braucht eine Pause, ganz ohne Druck.

Kapitel 9:
Was soll ich tun, wenn mein Kind gemobbt wird?

Mobbing ist ein wachsendes Problem unserer Gesellschaft. Experten gehen davon aus, dass es in jedem Klassenzimmer mindestens zwei Kinder gibt, die einer starken Form von Mobbing ausgesetzt sind. Allgemein sind Jungen davon stärker betroffen als Mädchen. Darüber hinaus sind Jungen häufiger Täter als Mädchen. Mädchen leiden jedoch verstärkt unter sozialer Ausgrenzung und der Verbreitung von Unwahrheiten und Gerüchten. In der Altersspanne von acht bis fünfzehn Jahren steigt die Mobbing-Rate besonders an. Finden die betroffenen Kinder keine Hilfe, kann sich das Mobbing dabei über viele Jahre hinweg erstrecken. Die Vorfälle finden laut Schätzungen zu rund 80 % innerhalb des Klassenzimmers statt, jedoch außerhalb der offiziellen Unterrichtszeit. Dies bedeutet auch, dass Mobbing in der Regel sehr öffentlich stattfindet und viele Mitschüler dabeistehen, ohne zu handeln.

Es gibt verschiedene Arten von Mobbing:
- Verbale Angriffe
- Körperliche Übergriffe
- Ausgrenzung

Mobbing, das außerhalb des Klassenzimmers stattfindet, konzentriert sich zunehmend auf den digitalen Bereich. Offene Plattformen wie Facebook, Instagram und Twitter bieten eine große wie anonyme Angriffsfläche. Es handelt sich nur selten um dieselben Täter. Klassenzimmer-Mobbing und digitales Mobbing haben also eine sehr unterschiedliche Dynamik.

Es gibt kein klassisches Opferprofil. Der eigentlich beliebte, sportliche Typ der Klasse kann ebenso verbalen und körperlichen Angriffen ausgesetzt sein wie das kleine schüchterne Mädchen. Das Problem zieht sich außerdem durch alle sozialen Schichten und Bildungsschichten. Von der Hauptschule bis zum Gymnasium: Schüler-Mobbing ist ein Teil des Schulalltags geworden.

Somit sind auch die Täter nicht klar definiert. Diese können aus einem guten Elternhaus mit ausreichend emotionaler Unterstützung stammen oder aus einem Umfeld, in dem sie selbst schlecht behandelt werden. Eltern müssen daher mit der Tatsache leben, dass es zu jedem Zeitpunkt passieren kann, dass das eigene Kind Ziel von Mobbing-Angriffen wird oder selbst damit beginnt, andere Kinder schlecht zu behandeln.

Vereinzelt kommt es sogar in Kindergärten zu gravierenden Vorfällen. Dabei handelt es sich jedoch selten um das bewusste Mobbing von speziellen Kindern. Die Täter stammen oft aus einem schwierigen Umfeld und neigen zum Beispiel dazu, aggressiv zu reagieren. Vielleicht spielen auch mentale Einschränkungen bzw. Entwicklungsstörungen eine Rolle. Ein solches Kind kann zum Beispiel dazu neigen, andere Kinder zu beißen oder zu schubsen. Selbst wenn das eigene Kind davon nicht betroffen ist, wird es dennoch feststellen, dass es ein Problem gibt. Das kann dazu führen, dass es sich unwohl dabei fühlt, in den Kindergarten zu gehen – aus Angst, auch gebissen zu werden. In einem solchen Fall sollten Sie schnellstmöglich das Gespräch mit den Erziehern suchen. Denn diese sind nicht immer in der Lage, eine solche Entwicklung von Anfang an zu realisieren. Es sollte in einer solchen Situation immer darum gehen, dem Kind mit den Verhaltensproblemen zu helfen. Vierjährige Kinder sind keine bewusst aggressiven Persönlichkeiten – sie brauchen Unterstützung, um ihren Platz in der Welt zu finden.

Es gibt bei älteren Kindern keine klassischen Indikatoren dafür, ob sie in der Schule gemobbt werden. Es ist daher gefährlich, bei einer Wesensänderung sofort vom Schlimmsten auszugehen. Es kann auch sein, dass es lediglich zu einem Streit mit einer Freundin gekommen ist oder dass Ihr Kind grade in einer neuen Entwicklungsphase steckt. Im Folgenden finden Sie ein paar Tipps, wie Sie herausfinden können, ob Ihr Kind in der Schule gemobbt wird.

Wird mein Kind gemobbt?
Ändert sich das Verhalten eines Kindes drastisch, so gibt es in der Regel einen bestimmten Grund dafür. Es kann sein, dass ein offenes und aufgeschossenes Kind sich plötzlich zurückzieht. Gleichzeitig ist es denkbar, dass ein sonst eher ruhiges Kind verbal aggressiv und aufmüpfig wird. Beide Wesensänderungen können ein Indikator dafür sein, dass es in der Schule Probleme gibt. Ob es sich dabei um Mobbing handelt, lässt sich zumeist nicht so einfach herausfinden.

Die Kinder leiden sehr unter Mobbing. Sie schämen sich und wollen am liebsten nicht darüber reden. Die einfache Frage „Ist alles okay in der Schule?" wird also nicht unbedingt die gewünschten Antworten produzieren. Dennoch ist ein anhaltendes Gespräch zwischen Kindern und Eltern wichtig.

Tipp: Bauen Sie von Anfang an ein offenes und ehrliches Verhältnis zu Ihren Kindern auf. Nehmen Sie die Gedanken und Ängste der Kinder ernst, auch wenn Sie Ihnen zunächst absurd erscheinen. Öffnen Sie sich gleichzeitig Ihren Kindern gegenüber. Fragen Sie auch einmal nach Rat oder teilen Sie eine Geschichte, die Ihnen vielleicht Kopfschmerzen bereitet. Wird ein solches Verhältnis von Beginn an aufgebaut, fällt es auch älteren Kindern leichter, über Probleme aller Art offen zu sprechen. Unterstützen Sie es außerdem, dass ein gutes Vertrauensverhältnis zu einer Person in Ihrem nahen Umfeld aufgebaut wird. Onkel oder Tante oder Ihre beste Freundin können so als vertrauenswürdiger Ansprechpartner dienen, wenn es einmal um ein Thema geht, das man lieber nicht mit den Eltern bespricht.

Das Gespräch suchen – aber wie?
Besteht die Vermutung, dass es in der Schule oder auch im privaten Umfeld zu Mobbing kommt, muss das Problem so schnell wie möglich adressiert werden. Gehen Sie dabei nicht zu direkt oder gar aggressiv vor. Es ist unwahrscheinlich, dass hier ein Gespräch stattfindet, das aus klaren Fragen und klaren Antworten dazu besteht, denn es ist ein sehr emotionales Thema. Zu Beginn eines solchen Gesprächs weiß man nicht, in welche Richtung es verlaufen wird. Gibt es überhaupt ein Problem? Wenn ja, wie lange schon? In welchem Ausmaß findet Mobbing statt? Möchte das Kind darüber reden? Daher lohnt es sich, als Elternteil gut vorbereitet zu sein. Für ein erstes Gespräch sollte der Inhalt klar definiert sein. Welche Fragen möchte man stellen? Wie viele Details möchte man besprechen? Was, wenn Fragen aufkommen, die man selbst nicht beantworten kann?

Nutzen Sie eine ruhige und entspannte Umgebung. Dabei sollten Sie es nicht so aussehen lassen als hätten Sie Ihr Kind sozusagen in einen Hinterhalt gelockt. Sitzen Sie zum Beispiel in einem Café und beginnen das Gespräch, könnte das Kind denken, es sei in der Situation gefangen. Es gibt nicht die Möglichkeit, sich zurückzuziehen und selbst zu entscheiden, wann die Unterhaltung beendet ist. Am besten einen entspannten Moment auf der Couch oder im Garten wählen, der dem Kind erlaubt, sich auf Wunsch zurückzuziehen. Zu Beginn sollte es vor allem darum gehen, das Kind sprechen zu lassen. Genaues Zuhören ist dabei sehr wichtig. Ziehen Sie keine voreiligen Schlüsse – weder in eine negative noch in eine positive Richtung. Werden die geschilderten Ereignisse schnell von Ihnen als nicht so schlimm abgetan, haben Sie womöglich den Zugang zu diesem Thema direkt zu Anfang verloren. Halten Sie sich auch mit gut gemeinten Ratschlägen zurück. Erlauben Sie Ihrem Kind, die gemachten Erfahrungen zu schildern. Es ist unwahrscheinlich, dass sofort im ersten Gespräch die gesamte Wahrheit ans Tageslicht gelangt. Fühlt sich Ihr Kind aber verstanden und gehört, wird es womöglich erneut den Austausch mit Ihnen suchen und weiter ins Detail gehen.

Den Beschützerinstinkt kontrollieren
Es gibt für Eltern kaum etwas Schlimmeres als tatenlos zusehen zu müssen, wie die eigenen Kinder leiden. Am liebsten würde man sofort einschreiten und alle Probleme aus dem Weg räumen. Vor allem bei älteren Kindern ist dies jedoch selten möglich – und auch nicht ratsam. Denn das aktive Einmischen von Eltern führt häufig zu neuen Problemen. Stellen Sie daher klar, dass dem Gespräch mit Ihrem Kind nicht sofort eine Handlung folgen muss. Erlauben Sie Ihrem Kind, die Situation zu überdenken und sich darüber klarzuwerden, was es sich wünscht.

Vermitteln Sie aktiv Ich-Botschaften. Dies bedeutet, dass Sie zum Ausdruck bringen, wie wichtig die Situation für Sie ist. Dies zeigt Ihrem Kind, dass Sie es ernst nehmen und bereit sind, Hilfestellung zu bieten. Vermitteln Sie diese Ich-Botschaften am besten ohne Druck. Bekommt das Kind das Gefühl, dass seine Situation auch Sie belastet, könnte das zu einem erneuten Rückzug führen. „Ich kann dich sehr gut verstehen. Gerne stehe ich dir in dieser schweren Zeit zur Seite." Auch, wenn sich die Wut im Bauch aufstaut und Ihnen zum Weinen zumute ist – bleiben Sie für Ihr Kind stark. So können Sie es aktiv unterstützen, diese schwere Zeit zu überstehen.

Du-Botschaften sind in einem solchen Gespräch zumeist nur dann hilfreich, wenn sie aktiv vom Kind gefordert werden. „Was soll ich denn nur machen?" „Warum passiert mir so etwas?" „Was habe ich falsch gemacht?" Nutzen Sie die Chance, dem Kind zu zeigen, dass es keine Fehler gemacht hat. Ein Grund dafür, dass Mobbing-Opfer oft über lange Zeit hinweg die Schikane über sich ergehen lassen, liegt darin, dass sie davon überzeugt sind, es zu verdienen oder selbst Schuld an der Situation zu tragen.

Die richtigen Lösungen finden
Es wird wahrscheinlich eine Weile dauern, bis alle Informationen über die Vorkommnisse in der Schule kommuniziert wurden. Sobald eine vertrauensvolle Basis zu diesem Thema besteht, ist es möglich, auch detaillierter nachzufragen. Um den Überblick zu behalten, können Eltern sich Notizen machen. So kommt es später nicht zu Verwirrungen. Lassen Sie während der Gespräche immer wieder durchblicken, dass es Möglichkeiten gibt, gemeinsam eine Lösung zu finden. Wichtig ist es dafür, dass das Kind aktiv an dieser beteiligt ist. Zum einen kennt das Kind die tatsächliche Situation in der Schule besser. Es kann einschätzen, welche Dynamiken zum Tragen kommen, welche Lehrer die besten Ansprechpartner sind oder welche anderen Kinder helfen könnten. Zum anderen hilft die Teilnahme an der Lösungsfindung dabei, das eigene Selbstbewusstsein zu stärken. Auch wenn das Kind weiß, dass es nicht allein ist, lernt es gleichzeitig, dass es Probleme allein lösen kann.

Die Möglichkeiten, mit Mobbing umzugehen, sind vielfältig. Je nach der Schwere des Problems ist es nicht einmal zwingend notwendig, die Schule mit allen Instanzen einzubinden. Ein Gespräch mit dem Vertrauenslehrer kann absolut ausreichen. Ob dieses Gespräch in Anwesenheit der Eltern stattfindet oder nicht, sollte ebenfalls durch das Kind entschieden werden. Eine separate Rücksprache zwischen dem Lehrpersonal und den Eltern ist dann zusätzlich ratsam.

Versuchen Sie, sich mit gut gemeinten Ratschlägen zurückzuhalten. Denn häufig überfordern diese die Kinder mehr als dass sie eine echte Hilfestellung bieten. Vergessen Sie nicht, dass Sie das Problem aus der Sicht eines Erwachsenen betrachten. Zugleich möchten Sie Ihr Kind schützen. Was für Sie in einer solchen Situation als logisch erscheint, ist unter Kindern und Jugendlichen nicht immer anwendbar. Besonders kritisch ist dabei die Altersklasse der 12 bis 14-Jährigen. Alle Beteiligten stecken mitten in der Pubertät, und Logik ist nicht immer die passende Antwort. Lassen Sie Ihrem Kind also ausreichend Zeit, eine Lösung zu finden, die in seinen Augen passend ist.

Achtung: In extremen Fällen kann das Mobbing ernsthafte Folgen haben. Immer wieder ist davon zu lesen, dass Kinder aufgrund von anhaltenden Mobbing-Attacken unter starken Depressionen leiden oder gar suizidgefährdet sind. Sollten Sie die Befürchtung haben, Ihr Kind neigt dazu, sich selbst zu verletzen oder hat mit starken Depressionen zu kämpfen, wenden Sie sich unbedingt an einen Experten.

Helfen Selbstbewusstseins-Kurse und Co.?
In vielen Schulen stehen maßgeschneiderte Unterrichtseinheiten zum Thema Mobbing heute auf dem Lehrplan. Immer häufiger werden spezielle Seminare in den Schulen abge-

halten, die sowohl den Bullys als auch den Mobbing-Opfern Hilfestellungen bieten sollen. Gleichzeitig ist das Angebot der Anti-Bully-Kurse für Kinder und Jugendliche in den vergangenen Jahren enorm gewachsen.

Es gibt eintägige Veranstaltungen im kleinen Kreis, einwöchige Seminare für größere Gruppen und sogar Ferien-Camps, die sich rund um das Thema „Selbstbewusstsein stärken" drehen. Einige Kurse werden kostenlos durch gemeinnützige Organisationen oder das Jugendamt angeboten. Andere sind hingegen kostenpflichtig. Ob Tagesseminar oder Wochenkurs – wer mag, kann hier durchaus mehrere Hundert Euro ausgeben. Bleibt die Frage, ob sich die Teilnahme an solchen Veranstaltungen wirklich lohnt. Je teurer die Angebote sind, umso skeptischer werden dabei die Nachfragen. Generell gibt es in allen Preisklassen gute wie schlechte Angebote. Denn leider sind nicht alle Veranstaltungen auf das Wohl der Teilnehmer ausgelegt, sondern in erster Linie auf das Wohl des eigenen Bankkontos. Ein Indikator dafür sind große Teilnehmergruppen. Wird ein Tagesseminar für Kinder und Jugendliche in einer Gruppe von 50 oder mehr Kindern abgehalten, besteht die Gefahr, nicht viel mehr als leeres Geschwätz mitgeteilt zu bekommen. Im Idealfall übersteigt die Gruppengröße 15 Personen nicht. So ist es möglich, auch auf individuelle Fragen einzugehen. Bis zu einer Größe von rund 25 Teilnehmern ist es aber noch möglich, die Kursinhalte zu vermitteln, ohne dass Einzelpersonen komplett übersehen werden.

Tagesseminare

Sehr beliebt sind Tagesseminare für Kinder und Jugendliche. Diese werden häufig kostenlos angeboten. In Jugendheimen, in Kirchen oder in der Schule – die Auswahl ist groß. In diesen Seminaren geht es in erster Linie darum, zu verdeutlichen, welches Verhalten als Mobbing zu werten ist und welches nicht. So können Kinder erkennen, ob ihr Handeln falsch ist oder ob sie Opfer von falschem Verhalten sind. Dieses Wissen gibt ihnen die Stärke, sich an eine Vertrauensperson zu wenden und um Hilfe zu bitten. Es werden auch kostenpflichtige Tagesseminare angeboten. Diese sind in der Struktur ähnlich aufgebaut. Diese Seminare sind für eine Vielzahl von Altersklassen verfügbar. Neben der Schule werden sie auch gern in Sportclubs und Vereinen abgehalten. So kann das Thema Mobbing in jedem Umfeld adressiert werden.

Wochenendkurse

Je länger das Seminar geht, umso mehr Bereiche lassen sich erfolgreich abarbeiten. Neben der Definition von Mobbing konzentrieren sich längere Kurse daher auf darauf, sich in verschiedenen Situationen richtig zu verhalten. Wie lässt sich mit einem Bully richtig umgehen? Wann sollte man sich umgehend an Lehrer, Eltern oder andere Erwachsene wenden?

Weiterführende Themen befassen sich mit der Stärkung des eigenen Selbstbewusstseins. Solche Seminare eignen sich daher nicht nur für Kinder, die sich in einer schwierigen Situation befinden, sondern auch für Kinder, die ein geringes Selbstwertgefühl haben. Kursangebote, die über mehrere Wochen regelmäßig stattfinden, eignen sich besonders gut für Kinder und Jugendliche, die ein geringes Selbstbewusstsein haben. In diesen Kursen werden Techniken und Methoden erlernt, die auf lange Sicht die Selbstwahrnehmung zum Besseren ändern.

Die Teilnahme an den verschiedenen Angeboten eignet sich auch für Kinder, die einen gefestigten Charakter haben. Diese können dort zum Beispiel erlernen, wie man für andere einsteht und dazu beiträgt, eine Situation zu beruhigen.

Selbstrespekt und Respekt vor den Mitmenschen ist immer ein zentraler Punkt dieser Seminare – ohne Frage zwei wichtige Aspekte, die jeder kennen und berücksichtigen sollte.

Ob Sie sich für ein kostenloses oder ein kostenpflichtiges Angebot entscheiden, ist häufig einfach eine individuelle Entscheidung. Die kostenpflichtigen Seminare bieten oft Verpflegung und Arbeitsmaterial. Das Arbeitsmaterial kann von Büchern bis hin zu PC- Spielen reichen.

Tipp: Soll sich Ihr Kind ganz und gar in dem Seminar entfalten können, bietet es sich an, einen Kurs zu wählen, der nicht von anderen Schulkameraden oder Kindern aus der Nachbarschaft besucht wird. So fühlt sich Ihr Kind weniger beobachtet und hat nicht das Gefühl, von bekannten Kindern beurteilt zu werden.

Kapitel 10:
Wie gehe ich mit den Kommentaren von anderen um?

In der U-Bahn, auf dem Spielplatz, beim Familientreffen – Eltern sind an keinem Ort vor den unerwünschten Kommentaren anderer sicher. Häufig geht es um einzelne Momente, die in keiner Weise das Verhalten des Kindes oder die Dynamik der Familie widerspiegeln. Dennoch wird von anderen gern abwertend darüber gesprochen. Dicht gefolgt von einem Rat, wie man es denn besser machen sollte.

Es ist nicht immer einfach, mit solchen Situationen gelassen umzugehen. Insbesondere dann, wenn gerade alles eskaliert. Das Baby weint im Kinderwagen, die Tupperdose mit den Apfelstücken ist auf dem Boden gelandet, und das große Kind beginnt Streit mit den Jungs auf der Schaukel. Unerwünschte Sprüche von anderen Mamas oder Omas sind in einem solchen Fall ein echter Auslöser für Selbstzweifel. Denn wie es scheint, hat man ja wirklich nicht alles im Griff. Andere Eltern machen das doch bestimmt viel besser?

An dieser Stelle sei gleich gesagt: Andere machen es nicht besser. Sie machen es nur anders. Ob ein kleiner Nervenzusammenbruch des Schulkindes oder schüchternes Versteckspiel der Dreijährigen – es gibt keine allgemeingültige Art, damit richtig umzugehen. Also lassen Sie sich von anderen nicht einschüchtern. Wenn möglich, die Aussagen ignorieren, vor allem dann, wenn es Kommentare von völlig fremden Personen sind. Natürlich kommen auch aus dem direkten Umfeld direkte wie indirekte Vorwürfe auf. Um diese besser einschätzen zu können ist es wichtig, die Dynamik in der deutschen Kultur zu verstehen. Das macht es einfacher, herauszufiltern, mit wem sich ein Gespräch über die Situation lohnt und wem nicht.

Die Erwartungsgesellschaft verstehen
„Als mein Kind in dem Alter war, hat es so etwas ja nicht gegeben!" „Du solltest mit deiner Tochter öfter mal unter Menschen, dann gewöhnt sie sich auch daran." „Ich verstehe gar nicht, warum der Kleine so ist, unser Sohn ist total offen gegenüber anderen." Diese und ähnliche Sprüche begleiten einige Eltern fast täglich. Hinzu kommen verurteilende Blicke und das beliebte Kopfschütteln, mit denen Beistehende Kund tun möchten, dass sie die Situation als nicht akzeptabel einstufen.

Innerhalb der deutschen Kultur ist dieses Verhalten besonders stark ausgeprägt. Auch in anderen Ländern hat sich das sogenannte „Mom Shaming" (Mütter-Schande) verbreitet. Aber zu kaum einem Kulturkreis gehört der ungefragte Kommentar so fest wie in den deutschen. Dabei trifft es nicht nur Eltern, auch andere Lebensbereiche werden gerne kommentiert.

Ein Grund dafür liegt in der Dynamik der klassischen Erwartungsgesellschaft. Es geht immer darum, einem bestimmten Vorbild oder einer Idee zu folgen. Wird dieses Bild nicht im Detail eingehalten, dann muss etwas nicht stimmen. In Sachen Erziehung fühlen sich besonders viele Menschen dazu berufen, eine Meinung zu haben – schließlich haben sie selbst schon Kinder erzogen oder sind grade dabei, Kinder auf das Leben vorzubereiten. Die allgemeine Erwartungshaltung innerhalb der Gesellschaft begeht dabei einen großen Fehler: sie generalisiert. Was für das eine Kind gilt, muss ja auch für das andere Kind stimmen. Dieser Gedankengang ist häufig Grundlage für die unschönen Sprüche, mit denen sich Eltern, Großeltern und die Kinder selbst abfinden müssen.

Hinzu kommt, dass über viele Jahrzehnte Erziehung in Deutschland als ein Mittel zum Zweck angesehen wurde. Es gibt diverse Theorien darüber, warum sich in Deutschland ein eher kühler und oft sogar radikaler Erziehungsstil über lange Zeit gehalten hat. Eine gängige Theorie besagt, dass wir bis heute die Nachwirkungen der Erziehungsansätze des Nationalsozialismus spüren. Damals wurden Mütter dazu angehalten, starke Kinder für das Land zu erziehen. Die Jungen sollten bereits früh darauf vorbereitet werden, eines Tages dem Volk zu dienen. Die Mädchen sollten ihren Platz in der Gesellschaft als Mütter und Ehefrauen voll und ganz akzeptieren. Bekannte Erziehungsratgeber dieser Zeit pochen zum Beispiel darauf, dass weinende Kinder nicht auf den Arm genommen werden sollen. Denn so würden sie zu verweichlichten Individuen, die keinen Druck aushalten. Sprüche wie „Ein Indianer kennt keinen Schmerz", „Große Jungs weinen nicht" und „Bis du mal verheiratet bist, ist der Schmerz vergangen" weisen klar darauf hin, dass die Basis unserer Erziehung nicht auf Mitgefühl und der Stärkung des Individuums beruht.

Die moderne Erziehung hat sich in den vergangenen Jahren von vielen dieser Überzeugungen abgewandt. Dennoch steckt es scheinbar in den deutschen Genen, auch in Sachen Kindererziehung nach Perfektion zu streben. Dies führt dazu, dass selbst unter jungen Menschen die Erziehung in falsch und richtig unterteilt wird. Individuelle Lösungen werden nur schwer akzeptiert.

Gleichzeitig wächst eine Generation von Eltern heran, die ihren Kindern Freiraum gibt, sich zu entfalten. Dafür ist es auch wichtig, als Elternteil zuzugeben, wenn es mal nicht so gut läuft. Das funktioniert nur dann gut, wenn man eine solche Aussage ohne die Wertung anderer tätigen kann. Ob in der Krabbelgruppe, auf dem Spielplatz oder im Büro: Die Zahl der verständnisvollen Mitmenschen nimmt zum Glück zu. Aber wir sind noch weit davon entfernt, dass die Einmischung anderer ganz ausbleibt. Am besten Auge zu und durch – denn Sie nicht allein mit diesem Problem.

Nicht in Selbstzweifel verfallen

Wenn Sie stark durch die Einmischung anderer belastet sind, kann es sein, dass Sie bereits Selbstzweifel ausgebildet haben. Sie fragen sich vielleicht, warum ausgerechnet Ihr Kind so schüchtern ist. Was haben Sie falsch gemacht, um ein solches Problem zu kreieren? Vielleicht sollten Sie ja doch ganz anders an die Erziehung Ihres Kindes herangehen?

Solche und andere Zweifel sind selten zuträglich für die Situation. Denn es gibt einfach kein allgemeines Rezept dafür, mit einem schüchternen Kind umzugehen. Wir haben bisher eine Vielzahl von möglichen Gründen angesprochen, die vielleicht auch auf Ihr Kind zutreffen. Gleichzeitig haben wir Methoden und Denkansätze geschildert, die eine Hilfestellung bieten. Aber eine ultimative Antwort auf das Was, Wie und Warum gibt es einfach nicht. Kommt es also in Ihrem Umfeld gehäuft zu Kommentaren darüber, dass sich Ihr Kind falsch verhält, dürfen Sie sich davon nicht unterkriegen lassen. Adressieren Sie in der Familie und im Freundeskreis die Tatsache, dass Sie nicht anhaltend mit Vorwürfen attackiert werden möchten. In einem solchen Gespräch könnte sich sogar herausstellen, dass Ihre Mitmenschen das eigene Verhalten eher als hilfreich eingeschätzt haben – ohne zu verstehen, wie Sie dadurch beeinflusst werden.

Nicht in Vergleiche abrutschen

Die Einmischung basiert oft auf Vergleichen. Es werden die eigenen Erziehungsmethoden miteinander verglichen, es geht darum, wie die einzelnen Kinder im Vergleich zueinander stehen, und sogar allgemeine soziale Strukturen werden zum Vergleich herangezogen. Vor allem Ausnahmesituationen werden gerne mit dem Standard gleichgesetzt.

Dieser Denkansatz ist natürlich in keiner Weise tragbar – es werden die berühmten Äpfel mit Birnen vergleichen. Dennoch neigen Eltern dazu, sich solche Aussagen zu Herzen zu nehmen. Speziell dann, wenn es um eine grundlegende Entscheidung geht, die man für die Familie getroffen hat. Vielleicht lebt die Familie aus beruflichen Gründen unter der Woche getrennt. Vielleicht hat man sich bewusst dazu entschieden, eine religiöse Erziehung anzuwenden. Selbst Bereiche wie eine vegetarische Ernährung, der Besuch einer Montessori-Schule und der Verzicht auf großen Wohnraum können für Diskussionen sorgen. Immer wieder werden dabei die Kinder als Opfer dargestellt. „Ist ja kein Wunder, dass dein Kind nicht in der Lage ist, mit Gleichaltrigen zu spielen, es leidet einfach darunter, dass es den Papa nur am Wochenende sieht." Hier wird also nicht hinterfragt, wie man dem Kind helfen könnte, seine Schüchternheit zu überwinden. Es geht lediglich darum, Vorwürfe zu platzieren, die das eigene Missbilligen der Lebensentscheidungen einer anderen Familie zum Ausdruck bringen.

Daher ist es wichtig, sich von solchen negativen Gedanken zu distanzieren. Der Vergleich zu anderen Familien ist niemals eine gute Idee. Jeder von uns hat individuelle Vorstellungen davon, wie das Familienglück aussieht. Und jeder von uns hat mit ganz eigenen Herausforderungen zu kämpfen. Wenn Außenstehende nicht bereit sind, dies zu akzeptieren, haben sie keinen Platz im Familienkreis.

Wie erkläre ich anderen, dass mein Kind schüchtern ist?

Zum Glück sind wir in der Regel von Menschen umgeben, die uns unterstützen. Familie und Freunde stehen uns auch in schlechten Zeiten zur Seite. Probleme lassen sich so gemeinsam angehen. Ein schüchternes Kind in der Familie zu haben, wirkt sich auf alle Bereiche des Alltags aus. Da ist es nur richtig, wichtigen Kontaktpersonen einen Zugang zu dieser Thematik zu geben. Aber wie erklärt man den Großeltern, dass die kleine Carlotta erst mal nicht mehr zum Spielen kommen möchte? Und wie versteht der Nachbar, dass er sich nicht über Nacht als Kindeschreck entpuppt hat, sondern das Kind einfach nur auf Abstand gehen möchte?

Generell sollten Sie sich darüber im Klaren sein, dass Sie niemandem eine Erklärung schulden. Selbst wenn es zu unangenehmen Situationen kommt und sich Tante Anni vernachlässigt fühlt, gibt es keinen Grund, im Detail eine Erläuterung abzugeben. Oft reicht ein kurzer Satz sogar aus: „Sie ist im Moment ein wenig zurückhaltend."

Bei Personen, mit denen regelmäßiger Kontakt besteht, kann ein intensiveres Gespräch helfen, die Zeit gemeinsam durchzustehen. Hat sich das Verhalten des Kindes zum Beispiel im Rahmen der Einschulung geändert, kann es passieren, dass auch sonst sehr vertraute Personen plötzlich mit Zurückhaltung behandelt werden. Bitten Sie diese um Geduld und Verständnis. Machen Sie klar, dass das Kind sich nicht falsch verhält. Es braucht Zeit, sich an die neue Situation zu gewöhnen. Werden bestimmt Dinge innerhalb der Familie umgesetzt, können diese auch außerhalb fortgeführt werden. Erläutern Sie die kleinen Rituale oder Methoden gegenüber Eltern und Freunden und bitten Sie diese, sie ebenfalls zu nutzen, wenn Sie selbst nicht anwesend sind. So kann das Kind in jeder Umgebung von den positiven Aspekten dieser Methoden profitieren.

Kapitel 11:
Bleiben Sie positiv!

In den vergangenen Kapiteln sind wir gemeinsam auf eine Reise gegangen, die uns in die Welt von schüchternen Kindern eingeführt hat. Vielleicht haben Sie sich selbst und Ihr Kind in einigen der Geschichten wiedererkannt. Vielleicht haben Sie gelernt, dass Ihre Familie vor einem ganz anderen Problem steht als der Schüchternheit. Oder Sie sind haben erkannt, dass die Phase, in der Ihr Kind gerade steckt, ganz normal und absolut unbedenklich ist.

Es geht in der Erziehung niemals darum, Recht zu haben oder alles richtig zu machen. Der Fokus einer guten und umfangreichen Erziehung liegt immer darauf, für die Kinder und die Eltern die beste Balance zu finden. Nur so kann man gemeinsam glücklich werden. Wie das gemeinsame Glück sich gestaltet, hängt allein von Ihnen ab. Lassen Sie sich nicht von anderen erzählen, was Sie zu tun und zu lassen haben.

Verlassen Sie sich auf Ihre Instinkte und vertrauen Sie darauf, dass Sie das Beste für Ihr Kind wollen. Auch wenn Selbstzweifel in der Erziehung immer wieder aufkommen werden, geht es darum, diese korrekt zu adressieren und ihnen nicht die Oberhand zu gewähren. Eine positive Grundeinstellung ist die Basis für eine erfolgreiche Erziehung. Egal ob Sie allein sind oder einen verlässlichen Partner an Ihrer Seite haben – geben Sie niemals auf. Zeigen Sie Ihrem Kind, dass es bei Ihnen gut aufgehoben ist und so akzeptiert wird, wie es ist.

Nutzen Sie das neu erworbene Wissen, um ein gezieltes Gespräch mit Ihrem Kind zu suchen. Beobachten Sie sein Verhalten und schätzen Sie es korrekt ein. So vermeiden Sie eine Überreaktion. Gleichzeitig sind Sie in der Lage, ernste Probleme leichter zu identifizieren. Was auch immer die Ursache für die Schüchternheit Ihres Kindes ist – es ist keinen Grund, sich zu schämen. Gehen Sie offen mit dem Thema um. Finden Sie als Familie einen Weg, die aktuelle Situation zu meistern. Es wird Rückschläge geben, aus denen Sie lernen können, und es wird sicher auch Fortschritte geben, auf die Sie stolz sein können. Am Ende werden Sie einen Weg in eine glückliche Zukunft finden. Ich wünsche Ihnen und Ihrer Familie eine wunderbare Zeit. Ich weiß, dass Sie alle Höhen und Tiefen meistern werden.

Ich bin mir bewusst, dass es nicht leicht ist, sich in Erziehungsfragen Hilfe zu suchen. Daher möchte ich mich ganz besonders dafür bedanken, dass Sie sich die Zeit genommen haben, meinen Ideen und Gedanken zu folgen. Bitte verstehen Sie meine Ansätze als einen Leitfaden und nicht als Regelwerk. Probieren Sie aus, welche Methoden für Sie hilfreich sind. Diskutieren Sie meine Aussagen mit Ihrem Partner, Ihren Freunden oder Bekannten. Verwerfen Sie Konzepte, die nicht zu Ihrer Überzeugung passen, und richten Sie andere Ansätze so aus, dass sie in Ihrem Alltag anwendbar sind. Wenn wir eine Generation erziehen möchten, die ihrer Zukunft selbstbewusst und glücklich entgegensieht, sollten wir voneinander lernen und uns mit allen Ecken und Kanten akzeptieren. So errichten wir eine Gesellschaft, die für jeden einen sicheren Platz bietet. Vergessen Sie nie, sich glücklich zu schätzen, dass Sie als Elternteil das Schicksal eines jungen Menschen zum Positiven beeinflussen können!

Gratis-Bonusheft

Vielen Dank noch einmal für den Erwerb dieses Buches. Als zusätzliches Dankeschön erhalten Sie von mir ein E-Book, als Bonus, und völlig gratis.

In diesem Bonus wird ein moderner Erziehungsansatz vorgestellt, der verstärkt Aufmerksamkeit erhält: Die sogenannte Bedürfnisorientierte Erziehung, auch als „Attachment Parenting" bekannt, hat sich in den vergangenen Jahren global als eine Alternative zu klassischen Erziehungsmodellen etabliert. Im Bonus erwarten Sie Einblicke in diesen Erziehungsansatz, mit Beispielen und Erfahrungen, die verdeutlichen, wie diese Art der Erziehung im Alltag funktionieren kann.

Wie Sie das Bonusheft erhalten können erfahren Sie auf der nächsten Seite:

Öffnen Sie ein Browserfenster auf Ihrem Computer oder Smartphone und geben Sie Folgendes ein:

bonus.katharinalowe.com

Sie werden dann automatisch auf die Download-Seite geleitet.

Bitte beachten Sie, dass dieses Bonusheft nur für eine begrenzte Zeit zum Download verfügbar ist.

Quellen

https://www.dpv-psa.de/ausbildung/broschuere/psychoanalytische-theorie/

http://paedpsych.jk.uni-linz.ac.at/INTERNET/ARBEITSBLAETTERORD/LERNTECHNIKORD/LERNTHEORIEN/default.html

https://www.umweltbundesamt.de/themen/gesundheit/umweltmedizin/autismusautismus-spektrum-stoerungen#textpart-1

https://www.helmholtz.de/gesundheit/wie-viele-nervenzellen-hat-das-gehirn/

https://www.humangenetics.uni-bonn.de/de/forschung/forschungsprojekte/psychiatr.-erkrankungen/soziale-phobie

https://www.destatis.de/DE/Presse/Pressemitteilungen/2019/09/PD19_337_225.html

https://www.aktion-kig.eu/2018/12/jugendamt-mehr-kinder-denn-je-in-obhut-genommen/

https://www.neurologen-und-psychiater-im-netz.org/psychiatrie-psychosomatik-psychotherapie/erkrankungen/angsterkrankungen/was-sind-angsterkrankungen/

https://www.hilfeportal-missbrauch.de/informationen/uebersicht-sexueller-missbrauch/zahlen-und-fakten.html

https://www.destatis.de/DE/Themen/Gesellschaft-Umwelt/Soziales/Kindertagesbetreuung/Tabellen/betreuungsquote-2018.html

https://www.kindererziehung.com/Paedagogik/Erziehungsstile/Laissez-faire-Erziehungsstil.php

https://www.merkur.de/politik/schock-nach-pisa-studie-jeder-sechste-schueler-wird-gemobbt-zr-8172479.html

www.ingramcontent.com/pod-product-compliance
Lightning Source LLC
Chambersburg PA
CBHW071351080526
44587CB00017B/3059